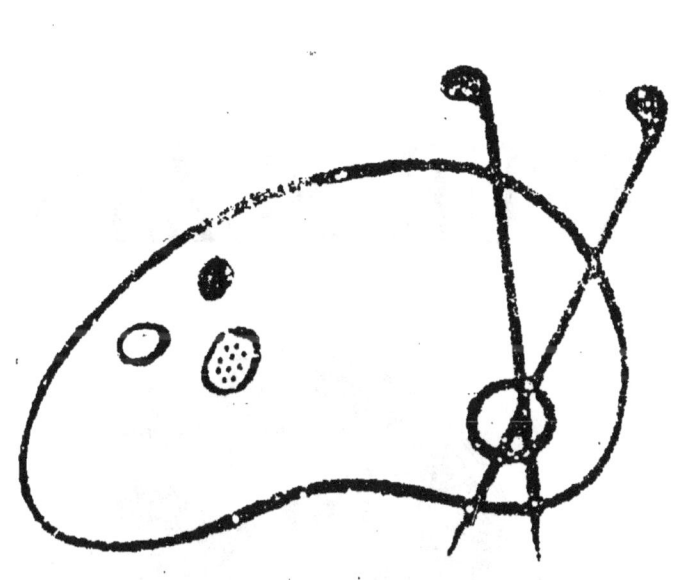

Début d'une série de documents en couleur

BONS AUTEURS A **1** FRANC LE VOLUME

XAVIER DE MONTÉPIN

SŒUR SUZANNE

PARIS
A. DEGORCE-CADOT, ÉDITEUR
9, RUE DE VERNEUIL, 9

A l'étranger **1** fr. **25** et par poste

ŒUVRES DE GUSTAVE AIMARD

A 3 fr. le volume

LES CHASSEURS MEXICAINS, avec gravure............ 1 vol.
DONA FLOR.. 1 vol.
LES FILS DE LA TORTUE, 2e édition, avec gravure..... 1 vol.
L'ARAUCAN, 2e édition, avec gravure................. 1 vol.

A 2 fr. le volume

UNE VENDETTA MEXICAINE, avec gravure............... 1 vol.

OUVRAGES GRAND IN-4° ILLUSTRÉS

*Voir le Catalogue général de la Librairie DEGORCE-CADOT,
9, rue de Verneuil, Paris*

GUSTAVE AIMARD ET JULES D'AURIAC

A 1 fr. 25 le volume

L'AIGLE-NOIR DES DACOTAHS...................... 1 vol.
LES PIEDS-FOURCHUS............................. 1 vol.
LE MANGEUR DE POUDRE........................... 1 vol.
L'ESPRIT BLANC................................. 1 vol.
LE SCALPEUR DES OTTAWAS........................ 1 vol.
LES FORESTIERS DU MICHIGAN..................... 1 vol.
ŒIL-DE-FEU..................................... 1 vol.
CŒUR-DE-PANTHÈRE............................... 1 vol.
LES TERRES D'OR................................ 1 vol.
JIM L'INDIEN................................... 1 vol.
RAYON-DE-SOLEIL................................ 1 vol.
LA CARAVANE DES SOMBREROS...................... 1 vol.

F. AUREAU. — IMPRIMERIE DE LAGNY

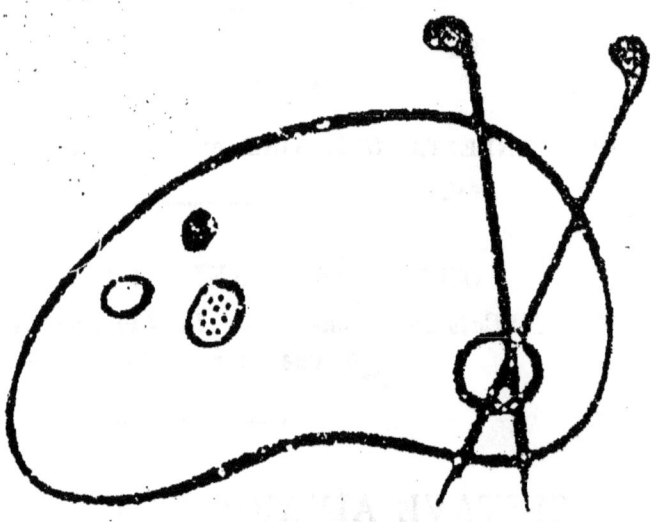

Fin d'une série de documents en couleur

ŒUVRES DE GUSTAVE AIMARD

A 3 fr. le volume

LES CHASSEURS MEXICAINS, avec gravure. . . . . 1 vol.
DONA FLOR. . . . . 1 vol.
LES FILS DE LA TORTUE, 2e édition, avec gravure. . . . . 1 vol.
L'ARAUCAN, 2e édition, avec gravure. . . . . 1 vol.

A 2 fr. le volume

UNE VENDETTA MEXICAINE, avec gravure. . . . . 1 vol.

OUVRAGES GRAND IN-4° ILLUSTRÉS

*Voir le Catalogue général de la Librairie DEGORCE-CADOT,
9, rue de Verneuil, Paris*

GUSTAVE AIMARD ET JULES D'AURIAC

A 1 fr. 25 le volume

L'AIGLE-NOIR DES DACOTAHS. . . . . 1 vol.
LES PIEDS-FOURCHUS . . . . 1 vol.
LE MANGEUR DE POUDRE. . . . . 1 vol.
L'ESPRIT BLANC. . . . . 1 vol.
LE SCALPEUR DES OTTAWAS. . . . . 1 vol.
LES FORESTIERS DU MICHIGAN . . . . 1 vol.
ŒIL-DE-FEU. . . . . 1 vol.
CŒUR-DE-PANTHÈRE. . . . . 1 vol.
LES TERRES D'OR. . . . . 1 vol.
JIM L'INDIEN. . . . . 1 vol.
RAYON-DE-SOLEIL. . . . . 1 vol.
LA CARAVANE DES SOMBREROS. . . . . 1 vol.

F. AUREAU. — IMPRIMERIE DE LAGNY

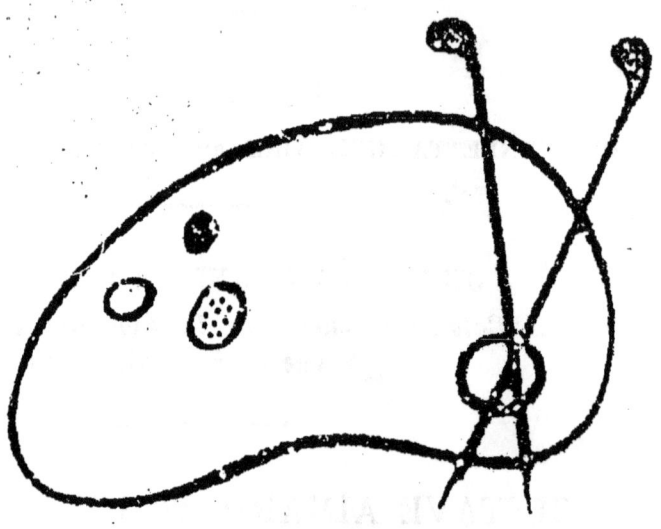

Fin d'une série de documents en couleur

SŒUR SUZANNE

LIBRAIRIE DEGORCE-CADOT

COLLECTION DES BONS AUTEURS
à 1 fr. le volume

Étranger et par Poste, *franco*, **1 fr. 25**

GUSTAVE AIMARD
Le Lion du Désert....... 1 vol.

ÉLIE BERTHET
Le Nid de Cigognes..... 1 vol.
Les Mystères de la famille 1 vol.
L'Étang de Précigny..... 1 vol.
Le Garde-Chasse........ 1 vol.
Le Roi des Ménétriers... 1 vol.

CHAMPFLEURY
La Succession Le Camus. 1 vol.

ERNEST CAPENDU
Marcof-le-Malouin....... 1 vol.
Le Marquis de Loc-Ronan 1 vol.

CHARLES DESLYS
La Jarretière rose....... 1 vol.
L'Aveugle de Bagnolet.. 1 vol.
Simples Récits.......... 1 vol.

ARMAND DURANTIN
Mariage de Prêtre........ 1 vol.
Un Jésuite de robe courte 1 vol.

Marquis DE FOUDRAS
Les Deux Couronnes.... 1 vol.
Soudards et Lovelaces... 1 vol.
Tristan de Beauregard... 1 vol.
Les Gentilshommes chasseurs............... 1 vol.

DE GONDRECOURT
Médine................ 2 vol.

HENRY DE KOCK
Les Amoureux de Pierrefonds................ 1 vol.
Les Mystères du Village. 2 vol.
Ninie Guignon.......... 1 vol.
Une Coquine........... 1 vol.
La Fée aux Amourettes.. 1 vol.
Ma Petite Cousine...... 1 vol.
Marianne.............. 1 vol.
Les Quatre baisers...... 1 vol.
Je me tuerai demain.... 1 vol.
Mlle Croquemitaine...... 1 vol.
Qui est le Papa?....... 1 vol.

ALEX. DE LAVERGNE
Le Comte de Mansfeld... 1 vol.
La Recherche de l'inconnue................ 1 vol.

XAVIER DE MONTÉPIN
La Sirène.............. 1 vol.
Les Amours d'un fou.... 1 vol.
La Perle du Palais-Royal. 1 vol.
Sœur Suzanne.......... 2 vol.
Les Viveurs d'autrefois.. 1 vol.
Les Valets de Cœur..... 1 vol.
Un Drame en famille.... 1 vol.
La Duchesse de la Tourdu-Pic............... 1 vol.
Mam'zelle Mélie........ 1 vol.
Amour de grande dame.. 1 vol.
L'Agent de police....... 1 vol.
La Traite des Blanches.. 1 vol.

LOUIS NOIR
Jean Chacal............ 1 vol.

B.-H. RÉVOIL
Chasses et Pêches de l'autre monde......... 1 vol.

ADRIEN ROBERT
Léandres et Isabelles.... 1 vol.

A partir d'Octobre 1879, la Collection s'augmentera mensuellement de deux ou trois volumes d'Auteurs choisis.

F. Aureau. — Imp. de Lagny

XAVIER DE MONTÉPIN

SŒUR SUZANNE

TOME PREMIER

PARIS
A. DEGORCE-CADOT, ÉDITEUR
9, RUE DE VERNEUIL, 9

Tous droits réservés

PREMIÈRE PARTIE

LA CHASSE AUX CHIMÈRES

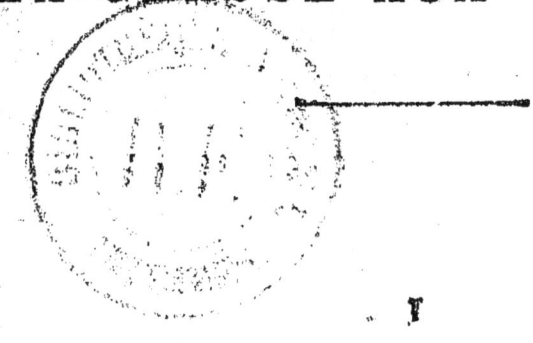

I

RUE DE SEINE. — HOTEL DU MAROC.

Dans la première série des *Valets de Cœur*, nous avons fait assister nos lecteurs aux débuts d'une vocation artistique. (*Un amour au Pastel.* — *Léonard Chantal.*)

Nous allons esquisser aujourd'hui pour eux les débuts, infiniment plus curieux, sans contredit, d'une vocation littéraire.

Et qu'on ne nous accuse point d'une outrecuidante audace, qu'on ne nous suppose pas la pensée de vouloir refaire ce que Balzac a fait jadis avec la toute-puissance de son talent. (*Un Grand Homme de province à Paris.*)

Dieu nous garde de mesurer notre taille à celle du colosse!

— Mais la *Scène* magnifique dont Lucien de Rubempré est le héros n'a plus aujourd'hui qu'une vérité relative.

Quelle n'est pas la différence des us et coutumes littéraires de l'époque peinte par Balzac avec ceux de la nôtre?

Tous les types étudiés par le grand romancier se sont modifiés au point de n'être plus reconnaissables.

Qu'est-il devenu, ce temps où les trois colonnes d'un article de journal faisaient de vous un personnage, — vous rendaient redoutable, — vous hissaient sur un piédestal d'où vous n'aviez plus qu'à respirer la fumée des sacrifices qui brûlaient en votre honneur?

Qu'est-il devenu, ce temps où quelques lignes spirituelles écrites dans un carré de papier beaucoup moins important que ne l'était *le Corsaire*, de honteuse mémoire, faisaient accourir à votre porte les éditeurs, dans leur cabriolet attelé d'un cheval de race, pour vous offrir une notable quantité de billets de banque en échange d'un roman appelé *l'Archer de Charles IX*, ou d'un volume de poésie intitulé les *Marguerites?*

Aujourd'hui, qu'est devenu le journalisme et quelle est son importance? — nous ne parlons point, bien entendu, du journalisme politique.

Messieurs les journalistes littéraires, feuilletonnistes et critiques, ne sont-ils pas, pour la plupart, de petits messieurs ridicules, dont presque aucun n'a de talent et dont aucun n'a d'influence (*).

Le bourgeois le plus encroûté dans sa lourde bêtise, juge-t-il aujourd'hui un livre ou un drame d'après l'opinion émise par le feuilleton de son journal?

Non, certes, et il a bien raison!

Pour notre part, nous applaudissons des deux mains au complet discrédit dans lequel le journalisme littéraire est tombé!

Au temps de sa splendeur il n'avait su, ni mériter le pouvoir éphémère qu'on avait mis entre ses mains, ni en faire un digne usage, ni s'arranger de manière à le conserver.

Maintenant il est mort, — il est enseveli et sa décomposition se signale par les symptômes les moins équivoques.

(*) Avons-nous besoin d'ajouter ici qu'il ne faut point généraliser outre mesure. — Théophile Gauthier et Jules de Prémaray, par exemple, poètes et producteurs en même temps que critiques, ne sont-ils point de glorieuses exceptions?

Que les *Premiers Paris* lui soient lourds, et qu'il ne ressuscite jamais!...

On le voit, le monde littéraire, en l'an de grâce 1853, ne ressemblait pas plus au monde littéraire du temps du *Cénacle*, qu'il n'y a de rapport entre le lever du soleil aux Antilles et le coucher de ce même astre dans les brouillards du Groenland.

Il n'y a donc à nous nulle témérité à refaire une esquisse qui ne peut, par aucune de ses lignes, ressembler au tableau du maître.

Ceci bien entendu, passons.

§

Il existe, rue de Seine, précisément en face de la rue Jacob, une maison garnie de bonne apparence, appelée *Hôtel du Maroc*.

Cet hôtel, ainsi que la plupart de ceux de la rue de Seine, est habité spécialement par des étudiants en droit, appartenant à des familles honorables et aisées.

Ces jeunes gens, qui ont quelqu'argent à dépenser et se piquent de mœurs élégantes et d'habitudes aristocratiques, redoutent un contact trop incessant avec leurs confrères plus débraillés qui affectionnent d'une façon particulière les hauteurs du quartier latin.

Au premier étage de l'hôtel du Maroc, se trouvait une chambre de soixante à soixante-dix francs par mois, ayant sur la rue une seule fenêtre avec un balcon.

Cette chambre était assez bien meublée, — les fauteuils recouverts en damas de laine bleu, offraient des élastiques sérieux, — un tapis de moquette, un peu fané, couvrait le parquet, — il y avait sur la tablette de velours de la cheminée une pendule qui ne datait point du temps de l'empire.

Contre le mur, faisant face à la cheminée, se voyait un grand bureau d'acajou surchargé d'une véritable montagne de livres et de papiers.

On distinguait, dans ce fouillis, des cahiers de toutes dimensions, — pour la plupart en papier blanc, vierge de toute écriture, — de petites boîtes remplies les unes de plumes de fer, les autres de becs de plumes d'oies tout taillés.

Il y avait des fioles d'encre noire, — bleue, — rouge, — et peut-être d'autres nuances encore.

Puis c'étaient un grand nombre de volumes, dont les couvertures jaunes, outrageusement souillées et timbrées d'une estampille ovale, annonçaient les livres sortis d'un cabinet de lecture (sans doute du fameux cabinet de madame Cardinal, rue des Cannettes, l'un des mieux montés et des mieux tenus de Paris).

C'étaient une foule de ces in-18, format anglais, à couverture bleu clair ou gris pâle, édités par notre ami Michel Lévy, ou à couvertures jaunes, publiés par Victor Lecou.

Puis des pièces de théâtre, en nombre infini et de tous les formats, — des brochures, — des livraisons illustrées à quatre sous, — enfin, nous le répétons, un entassement phénoménal.

Cependant, livres, brochures, cahiers, journaux, avaient été reculés, refoulés, empilés, de manière à faire de la place sur le devant du bureau, à un plateau de tôle vernie supportant deux assiettes, une bouteille, un verre, un moutardier, etc...

L'une des assiettes contenait le classique beefteack, entouré de ses classiques pommes de terre frites.

Dans l'autre se voyait un angle aigu de fromage de Brie.

La bouteille était remplie d'un liquide rouge, de celui que dans les hôtels garnis de moyen étage on appelle vin de Mâcon, mais qui, en réalité, a pris naissance sur les coteaux d'Argenteuil et de Suresne, et qui n'était que détestable avant qu'une sophistication habile l'eût rendu malsain.

Un petit pain à croûte blonde complétait les apprêts du déjeuner.

Ajoutons que, quoique la fenêtre fût entr'ouverte, la chambre était remplie d'un nuage de fumée odorante qui trahissait la combustion successive de plusieurs cigarres dits de cinq sous.

Un grand garçon de vingt-quatre à vingt-cinq ans se promenait d'un pas assez rapide, du lit à la fenêtre et de la fenêtre au lit, et laissait échapper du coin de sa bouche de nouveaux flocons de fumée qui se joignaient au nuage déjà formé.

Ce jeune homme était grand, nous l'avons dit, et d'une physionomie assez agréable.

Ses cheveux, d'un blond cendré, encadraient de leurs masses naturellement ondées un front un peu bas et un visage allongé qui ne manquait pas de distinction.

Un duvet blond, d'une grande finesse, estompait comme un brouillard la lèvre supérieure et les contours des joues, à la place des moustaches et des favoris.

Les yeux étaient grands, — d'une jolie forme et d'un beau bleu, — on ne pouvait dire qu'ils manquassent absolument d'expression, mais leur expression était indécise.

Le costume du jeune homme consistait en un pantalon à pieds de flanelle à carreaux, et en une robe de chambre de mérinos bleu, soutachée d'agréments en cordonnet rouge.

Ce type de robe de chambre peut se voir derrière les ontres de tous les magasins de confections à prix fixes, — de semblables vêtements sont cotés assez habituellement, de trente-cinq à quarante francs.

Notre personnage ne portait pas de cravate, — le col rabattu de sa chemise était de fine toile.

Ses pieds plongeaient dans des pantoufles sans quartiers, mi-parties de cuir verni et de maroquin rouge.

Il fit encore une demi-douzaine d'allées et de venues dans la chambre.

Puis il s'arrêta brsquement en face du bureau, et il se dit à lui-même :

— Ah ! bah ! déjeunons toujours !... les idées viendront ensuite !...

Ce qui fut dit fut fait.

Le jeune homme s'assit et se mit à manger de si bon appétit qu'en moins de cinq minutes, beefteack, pommes de terre, petit pain et fromage de Brie avaient complètement disparu.

Le jeune homme sonna.

Un garçon d'hôtel, portant la veste ronde et le tablier blanc à bavette, ne tarda guère à se présenter.

— Monsieur a sonné ? — demanda-t-il avec tous les égards dus à un locataire qui payait largement le *service* et donnait des étrennes fort rondes.

— Oui, Baptiste, j'ai sonné...

— Que veut monsieur?

— Enlevez tout ceci, et apportez-moi une énorme tasse de café noir...

— A l'instant, monsieur, — répondit le garçon en tenant le plateau en équilibre sur sa main gauche, tandis que, de la droite, il chassait les miettes restées sur le bureau.

— Très-fort!... — ajouta le jeune homme.

— Que monsieur soit tranquille... il aura tout ce qu'il y a de plus fort!...

Baptiste sortit, et le jeune homme murmura :

— Il est incontestable que le café éclaircit singulièrement les idées, et, même, — affirmait je ne sais plus quel observateur, — il en donne quand on n'en a pas!...

II

UNE VOCATION LITTÉRAIRE.

Baptiste revint, — le café fut pris, puis le domestique emporta la tasse vide, et le jeune homme resta seul.

Il s'installa devant son bureau, dans un large fauteuil, — il prépara quelques feuilles volantes, — il alluma un nouveau cigare, et, renversant sa tête en arrière contre le dossier de son fauteuil, il entama un monologue.

Nous aimons fort peu les monologues et nous les évitons, d'habitude, avec le plus grand soin.

Mais, aujourd'hui, nous sommes bien forcés de reproduire celui-ci, car c'est le meilleur moyen de faire connaître notre personnage.

— En vérité, — commença le jeune homme, — c'est bien extraordinaire !... — J'ai pris mon café, — il était très-fort, et, cependant, je n'ai pas beaucoup plus d'idées que tout à l'heure !...

« A quoi cela peut-il tenir ?... Suis-je donc dans une mauvaise disposition d'esprit, aujourd'hui ?... Cela doit être... car, enfin, j'en ai quelquefois des idées, j'en ai même souvent, et de très-bonne heure !... — Qui est-ce qui n'en a pas aujourd'hui ?... — Quel est l'homme un peu bien situé qui n'a pas publié sa demi-douzaine de feuilletons, et qui ne fait point partie de la Société des gens de lettres ?...

« Paris est plein de grands hommes !...

« Moi, aussi, je le deviendrai !... — je veux le devenir, — je veux qu'on sache mon nom, — qu'on parle de moi, — je veux avoir une place au *Panthéon-Nadar !...* »

Ici, le jeune homme interrompit son monologue pour dérouler l'immense planche lithographiée, prodigieux travail, exécuté avec un esprit inouï et une verve prodigieuse.

Pendant quelques secondes, il dévora d'un regard curieux toutes ces faces comiques, tous ces torses ridicules, toutes ces jambes grotesques, dont l'assemblage joyeux et bouffon prouvera jusqu'à l'évidence aux générations à venir combien le génie littéraire était laid au dix-neuvième siècle.

Puis, il reprit :

« — Il n'y a pas à dire, — ils y sont bien tous !... les connus et les inconnus !.... — les inconnus, surtout !...

« Combien n'y en a-t-il pas, parmi ces gens célèbres, dont je ne sais point le nom, et dont personne ne le sait pas plus que moi !...

« Ne pourrais-je donc pas arriver, moi aussi, à cette célébrité anonyme ?... — Ne pourrais-je point partager la gloire de ces illustres inconnus ?...

« L'immortalité leur est acquise !... — De par le crayon du grand *Nadar*, ils vivront !... — Notre époque ignore leurs noms, mais la postérité les saura.

« On cherchera ce qu'ils ont fait... et on le trouvera peut-être... — Car, enfin, à coup sûr, ils ont fait quelque chose, — ils ont écrit, — ils ont été imprimés, — sans cela, ils ne seraient pas là !...

« Mais, moi aussi, j'écrirai !... — Moi aussi, j'aurai du talent ! je le veux !... — Pourquoi donc me serait-il impossible de réussir ?

« Impossible !...

« C'est un mot qui n'est pas français !...

« Napoléon l'a dit, et il s'y connaissait celui-là !

« Pour réussir, il ne faut que vouloir...

« Or, je veux !... — Voyons un peu...

Afin d'expérimenter immédiatement les effets de la force de volonté, le jeune homme prit sa plume, la trempa dans l'encre et l'approcha d'une feuille de papier.

Mais il n'écrivit rien.

— Que vais-je produire ? — se demanda-t-il. — Sera-ce drame, — nouvelle, — ou roman ?

Au bout de quelques secondes de réflexions il se répondit :

— Décidément je crois que c'est le roman qui me va le mieux aujourd'hui .. — je vais commencer un roman...

« Mais, de quel genre ?

« Historique ? — genre Dumas. — *Mousquetaires,* — *Bragelonne,* — *d'Harmental ?*

« Analytique ? — genre Balzac. — *Père Goriot,* — *Eugénie Grandet,* — *Birotteau ?*

« Rustique et paysanesque ? — genre Sand, — *Mare au Diable,* — *Champi,* — *Fadette ?*

« Utilitaire et social ? — genre Sue ? — *Mystères de Paris,* — *Juif Errant,* — *Péchés Capitaux ?*

« Fantaisiste et fleuriste ? — genre Karr, — *Geneviève,* — *Famille Alian ?*

« Maritime et flibustique ? — genre la Landelle, — *La Gorgone,* — *Falkar-le-Rouge ?*

« Vie moderne en déshabillé ? — genre Montépin, — *Chevaliers du Lansquenet,* — *Confessions d'un Bohême* et *Viveurs de Paris ?*

« Mœurs de la bohême artistique et littéraire ? — genre Murger. — *Vie de Bohême.* — *Vie de jeunesse.* — *Pays latin ?*

« Ah çà, mais diable !... tous les genres sont pris !... lequel me reste-t-il ?

« Ah bah, peu importe !... — quand on a de l'originalité dans l'esprit, on fait des choses neuves avec n'importe quoi !... et de l'originalité, j'en ai, c'est incontestable !...

« Pour faire un beau livre, il ne me manque qu'une seule chose, c'est un sujet de livre...

« Oh ! une idée !... Si je trouvais d'abord un titre ?

« Il paraît que tous les romanciers modernes cherchent des titres de romans, — les sujets viennent après...

« Ce moyen est peut-être bon... — voyons un peu... — il ne s'agit que de mettre la main sur un titre bien sonore... — excitant la curiosité et promettant beaucoup de choses.

« Or, les titres courent les rues... Nous disons... nous disons...

Et, tout en répétant : — *Nous disons*, — le jeune homme ne disait absolument rien.

La cendre de son cigare tombait, sans qu'il s'en aperçût, sur le devant de sa chemise et il murmurait tout bas une foule de mots fort étonnés de se trouver ensemble, espérant que du bizarre accouplement de ces expressions heurtées, jaillirait le titre demandé.

Tout à coup il poussa un cri de joie.

Sa main trempa dans l'encre l'extrémité d'une plume de fer, et, de sa plus belle écriture, il traça, en haut d'une feuille de papier, ces quatre mots.

LE CHATEAU DU DIABLE.

— A la bonne heure !... — fit-il ensuite, — voilà ce qui peut s'appeler un titre !... c'est ronflant ! —

cela promet, — d'ailleurs le mot *Diable* porte bonheur et fait réussir, — on le dit et je le crois.

« Mon sujet est trouvé, — la scène se passera dans un vieux château, au fond duquel, autrefois, il s'est commis quelque crime épouvantable, et qui, depuis cette époque, passe pour appartenir au Diable.

« Je ferai raconter la légende du Château par une jeune fille, à un déjeuner dans la forêt, — ce sera charmant.

« Quant à l'action elle me paraît facile à trouver : scènes de la vie de château, — parties de chasse, — types de parisiens et de campagnards, — une rivalité, — un duel, cela ira tout seul et ce sera corsé. — Je commence, pour ne pas perdre l'inspiration...

Et, en effet, le jeune homme reprit la plume et il écrivit :

« *Chapitre premier.* »

— Je laisse le titre du chapitre en blanc, — dit-il, — je le mettrai plus tard, quand je saurai ce qu'il doit y avoir dans le chapitre.

Puis il se mit sérieusement à l'œuvre et, sans trop d'hésitation, il commença ainsi :

« Trois heures sonnaient à l'horloge du château.

« La journée était belle, — il faisait chaud, et

l'on n'entendait d'autre bruit dans le parc que le cri monotone des grillons amoureux.

« Deux hommes s'avançaient le long de l'avenue qui conduisait au château.

« Ils étaient à cheval, et d'apparence et d'âge différents.

« L'un était vieux.

« L'autre, jeune.

« Le vieux montait un cheval noir de sang anglais.

« Le jeune montait une jument grise, de race arabe.

« Les deux chevaux offraient des types admirables de la beauté chevaline la plus pure et la plus complète.

« Le vieillard était grand et ses cheveux avaient blanchi.

« Le jeune homme était de taille moyenne et pourvu d'une magnifique chevelure noire.

« Le premier s'appelait le comte de Lisbel.

« Le second avait nom le marquis de Volbery.

« — Comte, — dit le marquis, — ce majestueux édifice que nous voyons là, en face de nous, est-il le but de notre course?

« — Oui, marquis, — répondit le comte.

« — Ainsi, c'est là le *Château du Diable*?

« — Précisément.

« — Vous avez prévenu de notre arrivée j'imagine?...

« — En doutez-vous !

« — Et vous êtes sûr de la réception qui nous attend?...

« — Je suis certain qu'elle sera excellente.

« — Qui trouverons-nous, au château?

« — D'abord la maîtresse de la maison... la veuve du vicomte de Longpré, — la charmante Isnabelle...

« — Est-elle aussi ravissante que l'affirme le bruit public?

« — Plus encore.

« — Jeune?

« — Vingt-et-un ans.

« — Grande ou petite?

« — De moyenne taille.

« — Brune ou blonde?

« — Blonde, avec des yeux noirs.

« — Bonne?

« — Comme un ange.

« — Coquette?

« — Comme une femme.

« — Spirituelle?

« — Comme un démon.

« — Et riche?

« — Deux cent mille livres de rentes.

« — Et, dans tout cela, aucune exagération.

« — Aucune.

« — Sérieusement ?

« — Parole d'honneur !

« — Ah çà ! mais, c'est donc une merveille que cette vicomtesse ?

« — Pardieu, si c'est une merveille !... je le crois bien !... une huitième merveille du monde, qui n'a qu'à le vouloir pour faire oublier les sept autres...

« — Quel enthousiasme, comte !...

« — Marquis, il est sincère.

« — Depuis que la vicomtesse est veuve, elle doit être assiégée de prétendants à sa main ?...

« — Assiégée est le mot, — elle ne sait auquel entendre. — Aussi, nous trouverons nombreuse compagnie au château.

« — Ceci me ramène à la question que je vous faisais tout à l'heure...

« — Laquelle ?

« — Je vous demandais avec qui nous allions nous rencontrer ?

« — Mais, avec la fleur des pois du monde élégant. — Voulez-vous que je cite les noms ?

« — Citez, comte, citez !... vous me ferez le plus grand plaisir...

. . . .

Ici, la plume cessa de courir sur le papier.

Le jeune homme avait mis près de deux heures à écrire les quelques lignes que nous venons de reproduire et il se sentait fatigué outre mesure de ce travail sérieux et soutenu.

Il posa donc sa plume sur la table, et se mit à relire ce qu'il avait écrit.

A mesure qu'il avançait dans sa lecture, le vaniteux sourire de l'auteur content de lui-même se dessinait de plus en plus sur ses lèvres.

— Allons, — murmura-t-il quand il eut achevé, — la modestie est une sottise!... — Franchement ceci est fort bien !... Ce dialogue à la Dumas, haché menu comme chair à pâté, me paraît tourné fort cavalièrement, — je n'ai qu'à continuer ainsi, et je crois qu'on pourra dire de moi avec quelque justice:

« Ses pareils, à deux fois ne se font pas connaître,
« Et, pour leurs coups d'essais, veulent des coups de maître. »

« Je crois que ce début fera sensation, — que l'opinion publique se préoccupera de mon *Château du Diable* et que les éditeurs de Paris ne tarderont pas à savoir le chemin de ce logis!...

« Mais, pour aujourd hui, j'en ai fait assez. — Il

est d'une hygiène bien entendue d'entremêler dans une juste mesure le travail et les plaisirs... — Habillons-nous et allons nous promener.

Ce qui fut dit fut fait.

Notre jeune homme remplaça son négligé du matin par une toilette élégante, — se chaussa de vernis, — se ganta de frais, — mit dans la poche de son gilet une demi-douzaine de pièces de cinq francs, et sortit, le chapeau sur l'oreille, — le stick à la main, — le lorgnon dans l'œil, — le cigare aux lèvres, tout gonflé de ses succès futurs, de sa célébrité à venir, — et, de la meilleure foi du monde, en passant sous la porte cochère de l'hôtel, il baissa la tête, de peur de se heurter le front au plein cintre de la voûte !

III

ERNEST PICHAT DE LA CHEVALLIÈRE.

Rien n'est plus fatigant que d'employer sans cesse dans le récit ces mots, ou d'autres équivalents : *le jeune homme, — le personnage en question,* etc...

Il est beaucoup plus simple et beaucoup plus facile d'appeler tout bonnement les gens par leur nom.

Mais, pour donner son nom à quelqu'un, — eût dit M. de la Palisse, ou M. Joseph Prud'homme, — il est indispensable de savoir comment ce quelqu'un s'appelle.

Trois lignes d'esquisse biographique apprendront à nos lecteurs quels étaient le nom et la position sociale de l'habitant du premier étage de l'*hôtel du Maroc*.

Ernest Pichat de la Chevalière, avait environ vingt-trois ans et il appartenait à une honorable famille du Poitou.

Le père d'Ernest s'était, pendant quarante ans de sa vie, nommé tout simplement M. Pichat.

Puis, un beau jour, après avoir signé le contrat d'acquisition du joli domaine de la Chevalière, charmante propriété, qui, bon an, mal an, rapportait deux milles écus en sac, M. Pichat fut pris de je ne sais trop quelles velléités nobiliaires.

Il se persuada à lui-même que trois cents ans de bonne bourgeoisie l'avaient de droit fait gentilhomme, et à son nom de propriétaire il ajouta le nom du domaine.

Ajoutons qu'aucun arrêt de la chancellerie n'intervint pour sanctionner cet anoblissement improvisé.

M. Pichat de la Chevalière avait quinze ou seize mille livres de rente environ, et deux enfants, un fils et une fille.

Nous n'avons pas à nous occuper de cette dernière.

Ernest fut élevé dans le meilleur collége du département.

Il était assez travailleur et ne manquait pas d'intelligence, aussi ses proprès furent rapides, et, après chaque distribution des prix, il rentrait au logis paternel chargé d'une ample moisson de couronnes.

Ceci eut un résultat fâcheux.

Les louanges exagérées que reçut Ernest dans sa famille lui donnèrent une vanité excessive, et de cette vanité découla la conviction qu'il obtiendrait toujours et en tout la première place, quelle que fût la chose qu'il voulût bien se donner la peine d'entreprendre.

Seulement, quelle serait cette chose ?

Ernest ne le savait pas encore ; aucune vocation irrésistible ne lui faisait sentir son éperon impérieux, pour le diriger vers tel côté plutôt que vers tel autre.

M. Pichat de la Chevalière avait un faible pour la magistrature.

Il parla d'envoyer Ernest à Paris, faire son droit.

Paris exerce sur les jeunes gens une attraction magique, — Ernest abonda dans le sens de son père, et partit pour la grande ville où il s'installa, rue de Seine, dans cette chambre que nous connaissons.

Nous n'avons point à raconter ici les folies d'une jeunesse orageuse, — Ernest se conduisit bien, — suivit les cours de l'école, — ne fit pas de dettes et n'eut point de maîtresse en titre.

Seulement il passa les deux tiers de ses journées dans des cabinets de lecture et la plupart de ses soirées au spectacle, et, cela, durant tout le cours de la première année.

Cet emploi de son temps fit éclore en lui, à l'endroit de la littérature contemporaine, une passion qu'il prit pour une vocation.

Romans, drames et vaudevilles lui tournèrent la tête, — il se dit qu'il était apte à faire tout cela, aussi bien et peut-être mieux que ceux dont c'était le métier.

Il rêva de devenir riche comme Scribe et célèbre comme Balzac.

Ces rêves dorés le berçaient doucement à la fin de l'année scolaire.

Il alla passer ses deux mois de vacances au manoir de la Chevalière et il essaya de s'ouvrir à son père au sujet de sa nouvelle façon d'envisager l'avenir.

Mais, dès les premiers mots, M. Pichat de la Chevalière l'arrêta.

Le bonhomme avait, à l'endroit de la littérature, — et surtout de la littérature moderne, — des idées fort arrêtées.

Il appelait les journalistes : *folliculaires* et les écrivains : *gratte-papier*.

Il n'avait jamais lu, dans toute sa vie, qu'un seul roman, *les Épreuves du sentiment*, par M. d'Arnaud Baculard, — (lequel, par exception, il proclamait grand homme) — et il se promettait bien de ne jamais en lire un second.

— Si vous tenez tant à manier la plume, monsieur mon fils, — dit-il, — je ne m'y oppose point, mais que ce soit pour écrire de bons plaidoyers, de bons réquisitoires... cela est honorable... cela est utile ; — mais, que vous composiez de plats feuilletons, comme on en met au bas des journaux, ou des farces ridicules, comme on en représente à la comédie !... je n'y puis consentir, — il n'y a jamais eu dans notre famille de folliculaires ni de gratte-papier !... et, s'il plaît à Dieu, il n'y en aura jamais !...

— C'est là un métier de grimaud, de croquant, de

pied-plat!... ce n'est pas un métier de gentilhomme!...

— Permettez-moi de vous faire observer que la plus grande partie des écrivains de notre époque, au contraire, sont de forts bons gentilshommes, — répondit Ernest.

— Allons donc!...

— Voulez-vous que je cite?

— Citez.

— Eh bien, je commencerai par M. de Chateaubriand qui était vicomte, — par M. de Lamartine qui est d'une vieille famille mâconnaise. — Alexandre Dumas est marquis de la Pailleterie, — Hugo est vicomte Hugo, — et le comte Alfred de Vigny, — et le vicomte d'Arlincourt, et MM. Alfred et Paul de Musset, etc...

Ernest cita encore une grande quantité de noms, jusques et y compris celui de M. Charles Paul de Kock, rejeton d'une antique souche hollandaise.

— Ah! bah! — se contenta de répondre M. Pichat de la Chevalière, voyant que, sur ces matières, il ne pouvait lutter d'érudition avec son fils; — ah! bah!...

Et il parla d'autre chose.

Ernest n'insista point, sembla renoncer à ses projets littéraires et revint à Paris.

Seulement, cette année-là, le droit fut mis absolument de côté.

Ernest ne songeait plus qu'à la gloire et à la fortune qu'il allait conquérir à la pointe de sa plume, et au légitime orgueil avec lequel, étant passé à l'état de grand homme, il pourrait dire à son père :

— Eh ! bien, vous voyez !... — heureusement que je ne vous ai pas écouté !...

Telles étaient ses dispositions d'esprit, au moment où nous venons de le présenter à nos lecteurs.

§

Enchanté d'avoir commencé d'une façon aussi brillante le premier chapitre du *Château du Diable,* Ernest résolut de ne se rien refuser pendant tout le reste de la journée.

Il s'arrangea donc de façon à se persuader qu'il agissait en véritable grand seigneur, — en viveur littéraire du plus haut renom.

D'abord il prit un coupé de régie à deux francs l'heure et il cria au cocher, en véritable habitué de Madrid :

— Au bois, par l'avenue Dauphine...

A Madrid il se fit servir successivement un grog, — un verre de porto et une bouteille d'ale.

Puis, tout en fumant des panatellas, il revint aux

Champs-Élysées et, envoyant à droite et à gauche des sourires et des œillades aux impures à la mode, qui passaient nonchalamment étendues sur les coussins de leurs *Victorias*, et qui ne les connaissaient point, il rêvait au moment bien proche où ces prêtresses de la Vénus moderne diraient en le voyant passer :

— C'est *lui!*... — *lui* dont le dernier roman m'a tant ému!... — *lui!* dont le dernier drame m'a tant fait pleurer!... ah! s'il pouvait me regarder!... et, surtout, me remarquer!...

Et LUI, comme un sultan blâsé au milieu de son harem, il jetterait nonchalamment le mouchoir à la plus belle de ces odalisques parisiennes.

Après la promenade, vint le dîner.

Ernest s'attabla au café Riche et but assez de vin de Saint-Peray frappé, pour se monter légèrement la tête.

Ensuite, enchanté de son dîner et de son estomac, il alla prendre un fauteuil d'orchestre à l'Opéra, et, en donnant son billet au contrôle, il se dit que bientôt ce même contrôle le laisserait passer en s'inclinant et en disant :

— C'est M. de la Chevalière... — un grand homme!... — il a ses entrées...

On jouait LA PÉRI.

Il sembla à Ernest que toute la poésie de l'Orient entrait dans son cerveau par la double porte de ses yeux.

IV

UN AUTRE ROMAN.

Ernest revint de l'Opéra à pied.

La nuit était magnifique, — le grand homme en herbe avait la tête enflammée par les jupes transparentes et les poses voluptueuses des nymphes de l'Opéra.

Il prit le plus long, — il revint par le Pont-Neuf et s'arrêta au café d'Orsay, pour y savourer une seconde tasse de café, — *ce puissant apéritif de l'intelligence.*

Une fois chez lui et déshabillé, il se mit en tête que l'inspiration s'emparait de lui, comme jadis l'oracle de Delphes prenait possession de la prêtresse.

Il s'assit donc devant son bureau et résolut de mettre au monde une *fantaisie* dans la manière d'Alfred de Musset.

Cette *fantaisie*, inspirée par les souvenirs de la soirée, devait être en un nombre indéterminé de strophes, de quatre vers chacune.

Après un prodigieux labeur, il vint à bout d'accoucher des quatrains suivants :

I

Le ballet commençait, — en leurs danses légères,
Comme au lointain pays des chaudes bayadères,
Un essaim de Péris, vaporeux tourbillon,
Passait et repassait, enivrant bataillon !...

II

Tous les regards suivaient leur jupon diaphane
A leur beauté fringante envoyant un désir...
Et l'archer bondissant, poudré de colophane,
A les accompagner frissonnait de plaisir...

III

. . . .
Filles de l'Opéra, — Péris, — blanches almées...

Ernest ne put aller plus loin, — la veine lui faisait défaut, — l'inspiration (si inspiration il y a) s'était enfuie à tir d'ailes, — la rime même, ce pont-aux-ânes des vaudevillistes en bas âge, se montrait rebelle outre mesure.

Ajoutons que le jeune Pichat de la Chevalière avait mis deux heures et demie à amener à bien ces *bouts-rimés*, de tout point dignes des improvisations poétiques du très-célèbre M. de Pradel, et que six feuilles de grand papier écolier s'étaient usées dans les interminables corrections nécessitées par ce labeur.

Ernest était en nage, mais parfaitement content de lui.

Il se comparait bravement à Lamartine pour la limpidité du style.

A Victor Hugo pour l'énergie et la justesse de l'expression, toujours hardie et pittoresque.

A Méry pour la facilité.

Une fois coiffé de cette triple couronne tressée de ses propres mains, il se coucha et s'endormit.

Une fois endormi, il eut un rêve.

Il lui sembla qu'une fourmilière d'ouvriers, aussi nombreuse que celle des bibliques travailleurs qui jadis édifièrent la tour de Babel, ce monument d'une démence orgueilleuse, travaillaient avec une activité fébrile à l'érection d'un Panthéon nouveau.

Le gigantesque édifice s'élevait comme par magie.

Bientôt un dôme, auprès duquel celui de Saint-Pierre de Rome eût paru l'œuvre des pygmées, s'éleva bien au-dessus de la région des tempêtes, plus haut que les pics inaccessibles des Alpes et des Pyrénées.

Alors, — spectacle étrange et sublime! — sous les voûtes béantes, sous les arceaux infinis du temple consacré au génie, défilèrent gravement, un à un, en bon ordre, les illustres demi-dieux du *Panthéon-Nadar*.

Tous ils étaient là, ces grands hommes de plume, sublimes à force d'être grotesques.

Ils passaient lentement, — silencieux et recueillis.

L'agent de la Société des gens de lettres, — le bon et excellent Godefroy, — les suivait, portant sa caisse vide.

Quelques comparses littéraires chariaient sur des civières, que déguisaient des guirlandes de fleurs et de lauriers, les bustes marmoréens de bas-bleus en renom, — compris et incompris.

Ils semblaient accablés du poids.

Les pas pressés de cette multitude grinçaient sur les dalles polies et faisaient retentir les échos du Panthéon.

Et la foule marchait toujours!... — (comme, en son style inspiré, dirait Anicet Bourgeois.)

Une odeur d'encens montait vers les voûtes...

Un saint recueillement courbait toutes les têtes et faisait battre les cœurs...

Et la foule marchait toujours!...

Enfin elle atteignit le sanctuaire.

Là, sur un piédestal de granit s'élevait une statue aussi haute que celle qu'un empereur, jadis, se fit tailler dans une montagne.

L'attitude de cette statue était fière et dominatrice.

Un nuage voilait sa figure.

Les demi-dieux charivariques mirent un genou en terre et entonnèrent un cantique de circonstance (paroles de Scribe, musique d'Auber).

De leurs lèvres de marbre, les bustes des bas-bleus répétaient le refrain.

M. Godefroy battait la mesure sur sa caisse vide.

C'était grand comme l'immensité!!...

Soudain le voile nuageux qui cachait l'auguste visage du dieu, se releva comme se lève le rideau d'avant-scène quand le régisseur a frappé les trois coups.

Ernest Pichat de la Chevalière poussa un grand cri!...

Il venait de se reconnaître!...

Le dieu, — c'était lui!

. . . .

§

Il est fort agréable, mais on ne peut plus fatigant de rêver qu'on est un peu dieu.

Autant vaudrait un cauchemar.

Ernest, réveillé en sursaut par l'ovation archi-triomphale dont il était le héros, eut toutes les peines du monde à se rendormir.

Aussi ne se réveilla-t-il, le jour suivant, que vers midi.

Il se hâta de déjeuner, — car l'appétit, chez lui, ne perdait jamais ses droits, — et il courut se mettre à la besogne.

D'abord il reprit les strophes inachevées.

Mais la rime était rebelle et les vers mettaient une incroyable obstination à offrir deux ou trois pieds de trop.

Ernest laissa là la *fantaisie* et songea à parachever le premier chapitre du *Château du Diable*.

Mais ce sujet, dont il s'était si fort enthousiasmé la veille, lui parut, ce jour-là, singulièrement ingrat.

Que faire de bien neuf et de bien intéressant avec des personnages enfermés à la campagne dans un château?...

Où trouver la variété et le pittoresque nécessaires ?

D'ailleurs Ernest se souvint fort à propos qu'on avait joué à la Gaîté, avec un succès immense, une féerie intitulée les *Châteaux du Diable*.

Toute réflexion faite, ce titre déflorait le sien, attendu qu'il n'y avait guère entre eux que la différence du pluriel au singulier.

Et puis, comment lutter contre le souvenir de décorations splendides, — de changements à vue merveilleux, et de vers tels que ceux-ci :

> Et sur son nez, vous voyez les lunettes
> Qu'il inventa pour ses commodités!...

O Clairville!...

— Bref, hier j'ai fait fausse voie, — se dit Ernest, — mon œuvre quasi-fantastique ne réussirait guère aujourd'hui...

« Ce qu'il faut au public d'aujourd'hui, c'est, avant tout, des études de mœurs parisiennes... — c'est Paris!...

« Tous les romans qui offrent de Paris et des Parisiens un tableau plus ou moins fidèle obtiennent un énorme succès...

« Voyez plutôt les *Viveurs de Paris*, un livre dont je ne veux rien dire (car, entre confrères, il faut un peu de charité), mais qui, somme toute, n'a pour lui que son titre !...

« Et puis, dans Paris, ce panorama toujours mouvant, toujours changeant, que d'études nouvelles à faire !... que d'aperçus ingénieux et piquants !...

« Paris est comme ces mers des Indes, dont les sables recèlent des perles...

« Vingt plongeurs ont passé... — vingt plongeurs ont fait une riche récolte...

« Un plongeur plus habile arrive... — il trouve des trésors inconnus, — il apporte des perles plus belles, — car la mer est inépuisable...

« Paris, c'est l'Océan ! — je serai plongeur !...

« Paris !... quelle mine à exploiter !... Paris la ville des contrastes !... la Babylone impure et la sainte Jérusalem !... — la cité des vertus et des vices !...

« Paris avec ses salons, — avec ses bouges, — avec ses duchesses au front d'ange et ses courtisanes au cœur de démon... — Paris où l'opulence n'a pas de bornes !... où la lumière n'a pas de limites !... — bohémiens de la haute sphère et bandits de bas étage !... vierges pures et filles perdues !... gentilshommes au fier blason et chevaliers du lansquenet, — viveurs et lorettes ! — étudiants et grisettes !...

— portiers, sénateurs et mouchards!... — Paris, enfin, Paris!...

« Mais, tout cela a été vu, — tout cela a été dit, — tout cela a été peint!...

« Eh! sans doute!...

« Mais moi, — l'homme de génie, — je verrai, — je dirai, — je peindrai autrement!...

« Le neuf!... — Qu'est-ce que le neuf?...

« Faire du nouveau avec le neuf, eh! pardieu!... où serait le mérite!... — Tout le monde en serait capable!...

« Mais, arriver, comme moi, le dernier, et faire oublier tous les autres, voilà ce que je veux!... voilà ce qu'on verra!...

. . . .

Ernest continua pendant assez longtemps ce dithyrambe assez semblable par plus d'un point à l'ode qu'*Olympio* adressait à *Olympio*.

Quand il fut enfin lassé de ce lyrisme effréné, — quand il se fut suffisamment brisé l'encensoir en plein visage, — l'excellent jeune homme se décida à commencer cette œuvre qui devait être la première pierre de son immortalité.

Mais cette fois, nous devons le dire, il y eut progrès, — un progrès immense, — incontestable.

La veille, il lui avait fallu des méditations sans

fin pour en arriver à trouver le *Château du Diable!*

Ce matin-là, dix minutes de réflexion lui suffirent pour écrire en haut d'une nouvelle feuille de papier ces quelques mots flamboyants :

LES NUITS DU BOULEVART ITALIEN.

Mœurs nocturnes contemporaines.

Premier volume.

Chap. 1.

V

UN BEAU COMMENCEMENT.

On a prétendu, — on a affirmé, — on a écrit, — on a imprimé que Frédéric Soulié, cet homme d'un si immense et si âpre génie, cette vivante incarnation de la forme dramatique dans le roman, ne faisait jamais de plan avant d'écrire.

Ceci voudrait dire qu'il commençait un livre au hasard, — se racontant à lui-même une histoire étrange dont il ne connaissait d'avance ni les péripéties ni le dénouement, et que son imagination prodigieuse lui permettait de faire circuler ses personnages sans les égarer jamais, dans l'inextricable labyrinthe d'une intrigue infiniment compliquée, et de les sortir sains et saufs de toutes les situations où il les précipitait.

Nous avouons que les *Mémoires du Diable*, s'ils ont été composés de cette façon, nous paraissent une œuvre bien autrement étonnante que les pyramides d'Égypte, et le dernier mot de l'imagination humaine, aussi féconde, alors, aussi créatrice que cette invisible puissance qui préside aux destinées du monde.

Quel que soit le fondement de ce bruit relatif à la façon de travailler du grand homme mort trop jeune, Ernest connaissait cette assertion plus ou moins fondée, il y ajoutait la foi la plus explicite, et voulait avoir au moins ce rapport avec l'auteur de la *Confession générale* et de *Huit jours au château*.

C'est-à-dire qu'il se promettait bien de travailler toujours au hasard, — ne sachant jamais, ni où il se proposait d'arriver, ni par où il lui faudrait passer pour atteindre son but.

En conséquence, comme la veille il prit la plume, et il commença en ces termes :

« C'était par une belle nuit du mois de juillet.

« Il était tout près de deux heures du matin.

« Les clartés de la lune et les feux du gaz répandaient sur les boulevarts de Paris des lueurs molles et blanchâtres qui permettaient de distinguer les objets aussi bien qu'en plein jour.

« Le boulevart des Italiens était à peu près désert.

« Tortoni et le Café de Paris venaient de fermer.

« A travers les vitrages des cabinets particuliers de la Maison Dorée on voyait se profiler de joyeuses silhouettes.

« Quelques promeneurs attardés continuaient cependant à fouler l'asphalte, de la semelle de leur botte vernie.

« Ces promeneurs, tout en fumant leurs panatellas et en tordant les crocs de leurs moustaches, parlaient de politique, d'intrigues amoureuses ou de reports à la bourse.

« Un petit nombre de voitures, sillonnant rapidement la chaussée, passaient avec leurs doubles lanternes et devenaient d'instant en instant plus rares.

« Trois personnages, qui ne quittaient point cet espace compris entre la rue Lafitte et la rue du Helder, méritaient de fixer l'attention.

« C'étaient trois hommes.

« L'un de ces trois hommes avait une apparence étrange et une allure des plus bizarres.

« Il était très-grand et déjà cassé.

« Ses cheveux, grisonnants, en désordre, et mêlés

de mêches complètement blanches, s'échappaient de desssous un vieux bonnet de police.

« Ses épaules se voûtaient.

« Il portait une antique redingote, d'une couleur indéfinissable, remplie de trous et diaprée de pièces de toutes les nuances.

« Cette redingote se boutonnait jusqu'au cou, sans doute afin de cacher l'absence du linge.

« Un pantalon de gros drap, malgré la chaleur, déchiqueté et effrangé du bas, retenu par des ficelles au lieu de bretelles, complétait, avec des bottes éculées et dont les semelles étaient plus feuilletées que la galette du Gymnase, la toilette de cet individu.

« Sa figure s'accordait bien avec l'ignoble délabrement de son costume.

« Cette figure, salie, flétrie, ternie, bouffie, tirée, avachie, portait les traces honteuses de toutes les passions sales, — les stygmates ineffaçables du vice et de la débauche.

« Elle grimaçait sous des plaques cuivrées.

« Elle se marbrait de tons roux et de teintes violacées.

« Chaque ride décelait quelque penchant bestial, — il y avait une flétrissure dans chaque tache.

« Les yeux, cachés sous des paupières rouges et grimaçantes, exprimaient la lâcheté, l'astuce, la duplicité.

« Les lèvres avachies et décolorées pendaient.

« Les dents manquaient presque toutes.

« Cet homme affreux, traînait bruyamment sur l'asphalte une lourde canne, retenue à son poignet par une petite corde de cuir tressé.

« Il fumait une courte pipe, noire et juteuse, du fourneau de laquelle s'échappait, à chaque bouffée, une horrible odeur de culot.

« Il marchait tout seul, — rasant la muraille, — et tantôt il précipitait son pas, — tantôt il le ralentissait outre mesure.

« Chose bizarre !...

« En ce moment un observateur familiarisé avec les bagnes aurait remarqué que l'inconnu que nous venons de décrire traînait la jambe à la façon des forçats à qui l'habitude de tirer le boulet a communiqué un tic nerveux qui ne disparaît jamais complètement.

« Les deux autres personnages qui nous occupent étaient deux jeunes gens appartenant évidemment, sinon à la classe aristocratique, peut-être, du moins, à coup sûr, à la classe riche de la société.

« L'un était un peu plus âgé que l'autre

« Le premier pouvait avoir trente ans.

« Le second n'en avait guère que vingt-quatre.

« Le premier était très-grand, très-brun et vigoureusement constitué.

« Le second était petit, blond, mince et presque frêle.

« Leur toilette, à tous les deux, atteignait les limites de la plus excessive élégance.

« Leurs redingotes noires tombaient à merveille sur des pantalons blancs d'une coupe irréprochable.

« Le grand jeune homme brun se nommait Victor de Miromesnil.

« Le petit jeune homme blond se nommait Henri de Verneuil.

« Tous deux causaient avec une animation singulière.

« — Ainsi, Victor, — disait M. de Verneuil, — vous n'êtes pas de mon avis !

« — Franchement, non.

« — Vous pensez que j'ai tort ?

« — Cent fois, oui.

« — Et pourquoi ??...

« — Parce que se battre pour si peu de chose est l'acte d'un fou !...

« — *Si peu de chose !...* avez-vous dit ?

« — Et je le répète.

« — Vous n'y songez pas !...

« — J'y songe au contraire, et beaucoup.

« — L'injure est mortelle !...

« — Elle n'existe pas.

« — Quoi, trahi !... trompé !... n'est-ce rien ?...

« — Trahi !... trompé !... Par qui, s'il vous plaît ?...

« — Par ce misérable, par ce M. de Sainte-Aldegonde !...

« — Eh ! non !...

« — Comment ?...

« — Comment vous aurait-il trompé ?... il ne vous connaissait même point...

« — D'accord ; mais, elle ?...

« — Oh ! elle, c'est autre chose... — de son côté il y a trahison en effet...

« — Vous en convenez ?...

« — Parfaitement.

« — Eh bien ?...

« — Eh bien, c'est d'elle qu'il faut vous venger, puisque c'est d'elle que vous avez reçu l'injure...

« — Mais vous savez bien, mon cher, qu'on ne se venge pas d'une femme...

« — D'accord !

« — Aussi est-ce à son complice que je veux demander raison...

« — Son complice est innocent de tout ceci comme

l'enfant à naître, voici vingt-fois que je le répète, mais vous ne voulez pas le comprendre... — d'ailleurs j'ai un autre motif...

« — Lequel ?...

« — Je ne puis le dire.

« — Pourquoi ?

« — C'est un secret.

« — Un secret qui a rapport à ce qui se passe ?

« — Oui.

« — Un secret qui concerne Rodogune, M. de Sainte-Aldegonde, ou moi ?...

« — Tous les trois.

« — Et vous ne voulez pas me le dire ?...

« — Je ne le puis pas...

« — Alors, — fit une voix rauque, en intervenant tout à coup dans le dialogue, — alors, moi, je vais le faire...

« Les deux hommes se retournèrent avec un étonnement facile à comprendre.

« Derrière eux ils aperçurent l'horrible vieillard vêtu de haillons dont nous avons tracé l'esquisse et qui, depuis quelque instants, avait cessé de longer les murailles pour s'approcher des jeunes gens et pour les suivre à un ou deux pas de distance.

« Il se tenait debout et immobile.

« Sa main gauche faisait affecter à sa canne

énorme la position d'un fusil au port d'arme.

« Il portait sa main droite à son bonnet de police graisseux, de manière à simuler le salut militaire.

« Sa lèvre pendante avait un sourire narquois et il exhalait une horrible odeur résultant de la combinaison des parfums de l'ail, de l'eau-de-vie et du tabac.

« — Est-ce à moi que vous avez quelque chose à dire, monsieur ? — demanda Henri de Verneuil et faisant face à l'importun.

« — Oui, citoyen, à vous-même.

« — Vous me connaissez donc ?

« — Parfaitement.

« — Alors, parlez, et hâtez-vous. »

Ernest s'interrompit.

Il avait fait grandement sa tâche, et quelques gouttes de sueur, perlant à la racine de ses cheveux, prouvaient que ce n'avait point été sans peine.

Comme la veille, il relut ce qu'il venait d'écrire.

Mais, ce jour-là, sa figure n'exprima point une simple satisfaction de lui-même.

Elle s'illumina, d'une façon irrécusable, des rayonnements de l'admiration et de l'enthousiasme.

VI

LES CRÉTINS DE LETTRES.

Il est presque impossible qu'un très-jeune homme, auquel manque complètement l'expérience de la vie, fasse un bon roman.

A vingt-deux ou vingt-trois ans on n'a vu le monde que dans les livres et à travers le prisme décevant de ses illusions.

On n'a pas eu le temps d'analyser le cœur humain, ni chez les autres, ni chez soi-même.

On n'a pu appliquer, ni aux caractères, ni aux mœurs, cette patiente observation du naturaliste qui étudie les insectes, les papillons ou les coquillages.

On a lu beaucoup, mais on n'a rien vu, — ou, du moins, presque rien, — aussi prend-on volontiers des réminiscences pour des créations.

On croit inventer, — on se souvient.

La grande jeunesse, cependant, n'exclut point le talent, et il pourra se rencontrer dans l'œuvre d'un très-jeune homme d'immenses qualités de style.

Mais, somme toute, quatre-vingt dix-neuf fois sur cent, cette œuvre ne renfermera que des promesses brillantes, — des germes heureux que l'avenir se chargera de faire éclore.

Veut-on un exemple éclatant?

Voyez *Bug-Jargal* et *Han d'Islande*.

Certes, il y a dans ces deux livres des qualités immenses, mais, de là à *Notre-Dame de Paris*, quel pas de géant!...

Et, cependant, Victor Hugo, sublime à cette même époque dans les *Odes et Ballades*, était un enfant de génie, et, de plus, les deux romans dont nous venons de citer les titres étaient des récits pleins de faits, de brillantes descriptions, d'aventures attachantes, mais nullement des romans.

Certes, si le poète des *Orientales* avait entrepris, à dix-huit ans, un livre comme *Le Père Goriot*, ou comme *Eugénie Grandet*, il aurait été au-dessous de lui-même.

Ce qui n'empêche pas une foule de jeunes gens, à qui manquent non-seulement le génie mais encore le talent, de se lancer en aveugles, dès leur premier pas, dans de prétendues peintures de mœurs, dans de soi-disant études de caractères.

Qu'en résulte-t-il? — Des œuvres informes qui le plus souvent, meurent en portefeuille, sans avoir vécu, et qui, lorsque par hasard le grand jour de la publicité s'est levé pour elles, s'éteignent inconnues, comme si elles n'étaient point nées.

Il est un fait digne de remarque, c'est que, presque sans exception, tous ces jeunes esprits, trop tôt ambitieux des rayonnements de la gloire littéraire, — quoiqu'ils affichent de grandes prétentions à l'originalité, — coulent leurs premières œuvres dans un moule parfaitement uniforme.

A prendre et à étudier ces in-octavos, recouverts en papier glacé d'un ton beurre frais, et signés de noms différents, on croirait voir une collection de gâteaux de Savoie échappés des mains du même pâtissier.

Tout est à peu près identique, jusqu'aux formules de début qui sont invariablement les mêmes, et dont nous allons citer quelques-unes :

« Par une belle matinée du mois de juin 18***, une jeune femme, aux traits fiers et distingués, vêtue avec la recherche la plus élégante, se promenait, un livre à la main, dans l'une des allées de son parc..... »

Ou bien :

« Trois heures de l'après-midi sonnaient à l'horloge du château, —deux hommes, à cheval, s'avançaient le long de l'avenue qui conduisait à la grille du parc... »

Ou bien :

« C'était par une belle nuit du mois de juin, — il était tout près de deux heures du matin... »

Ou bien :

« En l'an de grâce 18**, le 13 octobre, à trois heures du soir, une chaise de poste, traînée par quatre vigoureux chevaux, roulait rapidement sur la route royale qui conduit d'Orléans à Blois... »

Beaucoup de jeunes écrivains rejettent avec dédain ces entrées en matière, qui leur semblent entachées de vulgarité, et abordent leur sujet d'une façon plus cavalière, ainsi qu'il suit, par exemple :

« — Ah! pardieu, mon cher, puisque le hasard nous rassemble, il faut que je te conte une aventure originale...

« — Dont tu es le héros ?

« — Sans doute.

« — Et qui se passait ?...

« — Hier au soir, au bal de l'Opéra...

« Le premier de ces deux interlocuteurs était un grand jeune homme, etc.; etc. »

Ou, encore :

« — Oh! laissez-moi, madame, vous dire à deux genoux que je vous aime!... — laissez-moi couvrir vos mains de neige de mes baisers de feu... — Laissez-moi plonger dans vos yeux mes regards enivrés, — laissez-moi vous dire qu'en vous est ma joie, ma vie, mon amour, mon bonheur...

« C'est dans un frais boudoir de la Chaussée-d'Antin qu'un beau jeune homme, à demi agenouillé devant une femme jeune et charmante, — murmurait ces ardentes paroles d'une voix basse et passionnée... »

On voit, par ces exemples, que notre jeune ami, Ernest Pichat de la Chevalière, restait avec soin dans les routes battues et ne se risquait point dans le sentier chanceux des innovations dangereuses.

L'audace ne lui manquait point, cependant, le premier chapitre de ses *Nuits du Boulevard Italien* en est la preuve.

Nous doutons fort qu'un romancier émérite, vieilli dans les ficelles du métier, fût venu à bout de se tirer avec honneur des difficultés qu'Ernest se créait dès les premières pages.

Ainsi, ce secret que M. de Miromesnil refusait de dire à M. de Verneuil, et qui, cependant, pouvait et devait empêcher le duel de ce dernier avec un M. de Sainte-Aldegonde, quel était-il?

Ernest n'en savait pas le premier mot.

Et cette subite intervention du vieillard déguenillé, à propos de ce même secret, — sur quoi la baser? — comment la justifier?

Ernest ne s'en doutait pas davantage.

Mais il ne s'en inquiétait guère.

— Je trouverai tout cela, — se disait-il, — demain, en écrivant mon second chapitre...

Le lendemain arriva.

Ernest, plein de confiance, se mit à son bureau, comme la veille et comme l'avant-veille.

Mais, cette fois, il fallait créer quelque chose, — inventer une combinaison quelconque.

Ernest resta complètement à court.

Son esprit ne trouva pas une idée!

Pas un mot ne vint au bout de sa plume!

Le jeune homme ne s'en prit point à lui-même, — il n'en accusa que le sujet qu'il avait choisi, — sujet, — se dit-il, — aride, — ingrat, sans ressources!!...

Bref, le premier chapitre des études de mœurs nocturnes servit, feuillet après feuillet, à allumer les cigares du futur romancier.

Ernest, cependant, avait trop d'obstination naturelle, et une trop haute opinion de lui-même, pour se décourager et pour croire à son impuissance.

Il persista.

En quinze jours il commença une demi-douzaine

de romans, qui, tous, s'arrêtent à la fin du premier chapitre.

1° *Les Bracelets de la marquise.*

2° *L'amour d'une femme du monde.*

3° *Ces demoiselles de l'Opéra.*

Notons en passant, à propos de ce dernier titre, que jamais de sa vie Ernest n'avait mis le pied dans les coulisses de l'Académie royale de musique et qu'il ne savait pas le premier mot des mystères d'outre-toile. — Mais bah !...

4° *Le Quartier latin,* ou *les Étudiants chez eux.*

5° *Les Mémoires d'un petit coupé.*

Ce livre, moderne réminiscence du *Sopha* de Crébillon fils, alla, par exception, jusqu'au quatrième chapitre. — Là l'imagination de l'auteur se cabra et le *Petit Coupé* ne put rouler plus longtemps.

6° Enfin. — *Comment meurent les femmes à Paris.*

Hélas !... les femmes moururent, et le roman aussi, avant la fin du dixième feuillet.

Ernest n'y comprenait rien.

Il relut une soixantaine de volumes, des derniers romans publiés par MM. Cadot, Baudry et de Potter.

Il s'avoua à lui-même que ces productions étaient parfaitement insipides et qu'il serait vraiment désolé de produire quelque chose d'aussi médiocre.

— Évidemment, — se dit-il, — mon esprit se refuse à inventer de semblables platitudes... Attendons un peu... — l'inspiration viendra!...

Ernest attendit en effet, — mais rien ne vint.

— Attendons encore, — pensa le jeune homme, — en ce moment le ciel est brumeux, mais, derrière ces nuages, l'étoile est cachée... tôt ou tard elle brillera...

§

Un matin, Ernest, les deux coudes appuyés sur la balustrade de son balcon et le cigarre aux lèvres, regardait les passants avec distraction en cherchant à entrevoir quelques rayonnements de l'étoile attendue.

Malgré cette préoccupation il remarqua une figure de connaissance.

C'était celle d'un étudiant en médecine, son compatriote, avec lequel il était assez lié et qu'il n'avait pas vu depuis longtemps.

Ce jeune homme, qui se nommait Paul Lascours, passait sans lever la tête.

— Hé! — dit Ernest, — Hé! Paul...

L'étudiant regarda d'où venait cet appel et fit à Ernest un signe amical.

D'un geste rapide, Ernest l'engagea à monter.

Paul Lascours secoua la tête, — sembla hésiter pendant une seconde, puis se décida et disparut sous la voûte de la porte cochère.

L'instant d'après il entrait dans la chambre d'Ernest.

Ce dernier, du premier coup d'œil, remarqua que la toilette de son ami était infiniment plus soignée et son visage beaucoup plus pâle que lors de leur dernière entrevue.

Il semblait très-préoccupé, et cette préoccupation s'accordait mal avec son caractère infiniment gai d'habitude.

Les deux jeunes gens échangèrent une poignée de main.

— Comme tu passais fièrement ! — dit Ernest.

— Excuse-moi, — j'étais distrait, — je ne pensais plus que tu demeurais dans cet hôtel.

— Mais, quand je t'ai fait signe de monter, pourquoi ton hésitation ?...

— Parce que je n'ai qu'une seconde à te donner... tout au plus...

— Tu es donc bien pressé ?

— Oui.

— Ce n'est cependant pas l'heure des cours de l'École de médecine...

Paul fit un geste significatif.

Ce geste voulait dire :

— Eh!... je m'inquiète pas mal des cours!... de la médecine, et de l'école!...

— Où allais-tu? — reprit Ernest.

— Rue de la Bruyère, — répondit Paul.

VII

UNE PASSION

— Rue de la Bruyère, — répéta Ernest, — le quartier est significatif.

— En quoi?

— Tu vas chez une femme.

— C'est vrai.

— Ta maîtresse?

— Pas encore.

— Un caprice?

— Non, mon cher, une passion.

— Vrai?

— Parole d'honneur.

— C'est bizarre... je ne t'aurais pas cru susceptible de devenir amoureux.

— Pourquoi donc?

— Ah! une idée à moi.

— Eh bien! cette idée je la comprends; car, moi aussi, je la partageais... mais c'est tout un roman que ce qui se passe...

— Un roman! — s'écria Ernest, à qui ce mot faisait dresser l'oreille, comme le son de la trompette fait hennir un cheval de bataille.

— Oui, un roman.

— Oh! alors, raconte-le-moi.

— Et le temps, malheureux!... le temps..

— En quelques mots.

— Impossible!

— Cinq minutes...

— Pas seulement cinq secondes... je mes auve.

— Quand te reverrai-je?

— Je n'en sais rien... quand tu voudras.

— Mais où?

— Ah! voilà...

— Chez toi?...

— Je n'y suis jamais.

— Ici?

— C'est trop loin.

— Comment, trop loin?... — Tu demeures rue de l'Ancienne-Comédie, à deux pas!

— C'est-à-dire que je suis censé y demeurer...

pour ma famille... mais j'ai pris un pied-à-terre au faubourg Montmartre.

— Je comprends, — tu es introuvable.

— A peu près... — Mais, voyons, que fais-tu ce soir ?

— Rien.

— Où dînes-tu ?

— Je ne sais pas.

— Cela ne te dérange-t-il point de passer les ponts ?

— En aucune façon.

— Alors trouve-toi à six heures moins cinq minutes au passage de l'Opéra, galerie de l'Horloge.

— Tu y viendras ?

— Oui, et nous dînerons ensemble. — Cela te va-t-il ?

— Parfaitement.

— Eh bien ! c'est convenu... au revoir...

Paul s'enfuit, et Ernest, qui se remit au balcon, le vit sauter dans un cabriolet de régie, sans doute afin de regagner le temps perdu.

— Oui, — pensa le jeune homme resté seul, — c'est de l'amour !... c'est une passion !... Je vais enfin pouvoir étudier sur le vif et daguerréotyper la nature !... Voilà ce qu'il me fallait !... Comment intitulerai-je mon roman ?

§

A six heures moins cinq minutes, Ernest entrait dans la galerie de l'Horloge.

Six heures n'étaient pas encore sonnées, lorsqu'il sentit un bras se passer sous le sien.

Ce bras appartenait à Paul.

— Tu vois que je n'étais pas en retard, — dit Ernest.

— Bien. — Allons dîner.

— Où ?

— Chez Vachette. — Ce n'est pas trop cher et la cuisine est bonne, et puis je veux te faire goûter un vieux vin de Tavel qui n'a pas son pareil à Paris.

— Allons.

Chemin faisant, Paul fit entrer Ernest dans un café.

— Prenons de l'absinthe, — dit-il.

— Mais, nous allons nous mettre à table à l'instant..

— Peu importe. — N'en prends pas si tu veux, moi, j'en ai l'habitude...

— Depuis peu de temps, alors, car, autrefois, je me souviens que tu ne pouvais pas la souffrir.

Paul ne répondit pas.

Il appela le garçon, et il se fit verser dans une

choppe à bière la valeur de trois petits verres d'absinthe.

Ernest regardait avec épouvante.

— Tu vas boire cela! — s'écria-t-il en voyant son compagnon faire, avec le plus grand sang-froid, goutte à goutte, le mélange de l'eau et de la liqueur qui, du ton verdâtre et transparent, passait rapidement au blanc laiteux et opaque.

— Sans doute...
— Il y a là de quoi te tuer!
— Allons donc!
— Mais, quand tu auras avalé cela, tu seras ivre à tomber sous la table!...
— Tu ne t'apercevras seulement pas que j'ai bu...
— Tous les jours j'en consomme autant et quelquefois plus... — L'absinthe remplace pour moi l'opium et le hatchich. — C'est un breuvage magique, — un bienheureux poison qui tue peut-être (c'est un détail!) mais qui étourdit!... qui rend joyeux!...

Et, tout en parlant ainsi, Paul buvait à petites gorgées le contenu de son verre.

— Qui étourdit! — qui rend joyeux!... — répéta Ernest. — Ah çà! tu as donc besoin de t'étourdir?
— Oui, — répondit Paul d'une voix sourde.
— Tu es donc triste?
— Oui.

— Mais, pourquoi ?

— Ah ! pourquoi ? — s'écria Paul assez haut pour faire retourner tous les habitués du café, — parce que je suis comme le roi Nabuchodonosor, changé en brute !... parce que je suis, ainsi que les compagnons d'Ulysse dans l'île de Circé, métamorphosé en pourceau.

— Toi ?...

— Eh ! oui, moi ! pardieu !... moi-même !

L'absinthe commençait à produire son effet sur le cerveau de Paul, et il était évident qu'une certaine exaltation s'emparait de lui.

— Ecoute, — dit-il à Ernest, — voici que le hatchich opère... voici que je suis gai !... rends-moi un service.

— Lequel ?

— Ne trouble point cet état de béatitude, — ne me parle ni de moi, ni de rien de ce qui me concerne... — Nous causerons de mes affaires au dessert, si tu veux ; — mais, maintenant, ne songeons qu'à bien dîner et à boire sec.

— Je veux tout ce que tu voudras... — répondit Ernest.

— A la bonne heure !... c'est parler, cela !... Tu es mon ami... mon véritable ami...

Paul et Ernest sortirent du café et arrivèrent au

restaurant Vachette qui est situé, comme chacun sait, au coin du faubourg Montmartre et du boulevard.

Chemin faisant, Paul avait péroré beaucoup et très-haut. — Évidemment, il était plus ivre qu'il ne voulait se l'avouer à lui-même; mais pourtant il ne perdait rien, ni de son intelligence, ni de la lucidité de son esprit.

L'ivresse ne se manifestait chez lui que par l'extrême surexcitation du système nerveux.

— Un cabinet, — dit-il au garçon qui le reçut sur le carré du premier étage.

— Ces messieurs n'attendent personne?...

— Non. — Deux couverts.

— Ces messieurs désirent-ils que leur cabinet donne sur le boulevard?

— Oui.

— Alors, le numéro 5.

Les jeunes gens entrèrent dans le cabinet en question.

Paul fit la carte, puis il appuya ses deux coudes sur la table et sa tête sur ses deux mains, jusqu'au retour du garçon.

Malgré ce qu'il avait dit à Ernest du joyeux effet de son breuvage favori, il semblait plus triste et plus sombre qu'un condamné à mort la veille de son exécution.

Cependant, en commençant à dîner, il parut se ranimer un peu.

Il mangeait à peine, mais il buvait beaucoup.

Il vidait sans relâche son verre mousseline rempli de vin de Tavel, — le plus capiteux peut-être de tous les vins.

Ernest avait toujours connu Paul Lascours comme un garçon très-sobre, — aussi était-il étonné et presque effrayé de son intempérance.

Mais, loin d'augmenter à mesure qu'il buvait, la demi-ivresse de Paul semblait, au contraire, diminuer.

— Parlons de toi, — dit-il tout à coup à Ernest qui l'observait curieusement. — Que fais-tu maintenant ? — Pioches-tu ton droit ?... Songes-tu à tes examens de seconde année ?

— Ma foi, non. — Je pense à toute autre chose.

— Et à quoi ?

— Je fais de la littérature,

— Tu écris ?

— Oui.

— Des romans ?

— Oui.

— Où les publies-tu ?

— Mais, nulle part, jusqu'à présent... — Je n'ai pas encore terminé le livre dont je m'occupe... — Aussitôt cette besogne achevée, je me mettrai en mesure de le faire éditer.

— Si tu veux le voir paraître en feuilletons, je pourrai t'être utile.

— Comment cela?

— Je connais plusieurs journalistes qui, à ma recommandation, te donneront un coup d'épaule.

— Ma foi, tu me rendras là un fameux service, et dont je te saurai un gré infini.

— Merci d'avance.

— Compte que c'est fait.

— Travailles-tu beaucoup?

— Mais, oui. — Je fais un chapitre tous les jours, et j'ai calculé qu'il fallait quinze chapitres au volume.

Paul remplit son verre et celui d'Ernest.

— Fais-moi raison, grand homme! — dit-il; — je bois à tes succès futurs!...

Ernest ne pouvait refuser de porter ce toast

Il le fit.

Puis il ajouta, en soulevant de nouveau son verre :

— Et moi, je bois à tes amours!...

VIII

SUZANNE !...

Paul, en entendant ce dernier toast, laissa retomber son verre qui était au moment de toucher ses lèvres.

Le verre se brisa.

En même temps Paul donna un si violent coup de poing, qu'Ernest fit un bond de surprise sur les élastiques un peu fatigués du divan.

— Eh bien ! eh bien !... — s'écria-t-il, — qu'est-ce donc, et quelle mouche te pique ?...

Paul ne répondit pas.

Il s'adossa aux oreillers du divan, et, renversant sa tête en arrière, il sembla examiner avec une minutieuse attention les vulgaires moulures de la corniche.

Ernest, en le regardant, se demandait s'il était complètement fou, ou tout à fait ivre.

Mais ni l'une ni l'autre de ces suppositions n'étaient admissibles ; car, en ce moment, le visage du jeune homme n'exprimait pas plus la démence que l'ivresse.

Paul était un peu plus âgé qu'Ernest : — il avait vingt-quatre ans environ.

Sa taille était au-dessus de la moyenne, et toute sa personne offrait un ensemble gracieux, dû à l'admirable justesse de ses proportions.

La figure de Paul répondait à cet ensemble.

Ses traits, réguliers, expressifs et distingués, s'encadraient dans les masses brillantes d'une barbe très-sombre, et qu'il portait longue.

Cette barbe faisait ressortir la blancheur de ses joues.

Ses yeux, très-grands, et limpides comme ceux d'un enfant, brillaient d'un éclat extraordinaire et en quelque sorte fébrile.

Le père de Paul était le premier médecin de Poitiers, et n'avait qu'un seul fils.

Naturellement il désirait laisser à ce fils non-seulement sa fortune, qui était considérable, mais encore son talent et sa clientèle, si faire se pouvait.

En conséquence, il l'avait envoyé suivre à Paris les cours de la plus excellente école de médecine qu'il y ait dans le monde entier, — lesté de toutes les façons, — muni, d'abord d'une pension plus que suffisante ; ensuite de nombreuses lettres de recommandation pour tous ses amis, dont plusieurs appartenaient aux plus hautes illustrations de la science médicale.

Paul avait une intelligence brillante, — active, — devorante; — une âme loyale; — un cœur bien placé.

Une nuance seulement dominait dans son caractère: c'était une trop grande disposition à l'enthousiasme.

L'apparente distraction dans laquelle le jeune homme était plongé, tandis qu'il regardait les moulures du plafond, ne dura que quelques secondes.

Au bout de ce temps, Paul reprit sa pose habituelle et regarda Ernest en souriant.

— Je te parais un fou, n'est-ce pas?... — demanda-t-il à ce dernier.

— Dame... pas précisément fou... mais...

— Mais, — *toqué*... acheva Paul en souriant toujours.

— Il est de fait que je te trouve assez singulier, et que, si tu voulais m'expliquer ce qui se passe dans ton esprit, tu me ferais plaisir...

Paul fouilla dans l'une des poches de côté de son gilet.

Il en tira deux objets qu'il posa sur la table.

L'un de ces objets était une toute petite boîte ronde, en bois de rose, dont le couvercle se vissait.

L'autre était un flacon microscopique, recouvert de papier bleu très-épais.

— Sais-tu ce que c'est que ça ? — demanda Paul.

— Ma foi, non.

— Devine.

— Comment devinerais-je.

Paul dévissa le couvercle de la boîte

Elle était remplie d'une poudre presque impalpable.

— Ceci, — reprit le jeune médecin, — est de l'acétate de morphine; — et là-dedans, — ajouta-t-il en désignant le flacon, — il y a de l'acide prussique... — deux des plus violents poisons que connaisse la chimie...

Ernest fit un mouvement d'effroi.

— Cache bien vite cette abominable pharmacie !... — s'écria-t-il; — il me semble que ce cabinet se remplit déjà d'une odeur vénéneuse !... — Je me sens du feu dans le creux de l'estomac et je ne réponds plus de la digestion de mon dîner...

— Veux-tu que je te dise ce qui pourrait m'arriver de plus heureux en ce moment ? — demanda Paul, tout en revissant lentement le couvercle de la petite boîte.

— Oui.

— Eh ! bien ! ce serait de saupoudrer cette cuillerée de charlotte russe d'une imperceptible pincée de cette poudre, ou de verser dans ce verre de vin de la Romanée une goutte du contenu de ce flacon...

— Ah çà ! — demanda Ernest, de plus en plus abasourdi, — fais-tu du mélodrame, mon cher ?...

— En aucune façon, je te dis la plus exacte vérité.

— Tu as envie de mourir ?...

— Très-envie, et il serait fort heureux pour moi, je te le répète, d'avoir le courage de me passer cette fantaisie...

— Mais, pourquoi, enfin ?... — Ceci est sérieux, et tu dois avoir un motif bien grave...

— Pourquoi ?... — interrompit Paul, — parce qu'il m'arrive le pire malheur qui puisse foudroyer un garçon d'intelligence et de cœur... — je suis amoureux d'une drôlesse, j'abdique en ses mains ma raison, ma dignité, ma délicatesse, et si elle demandait mon honneur, j'en suis arrivé à ce point que je le lui donnerais...

— Ah ! — dit Ernest en riant, — n'est-ce que cela ?... — J'avais peur, je te l'avoue, que ce ne fût beaucoup plus grave...

— Plus grave !... Eh ! mon cher, je vois bien que tu ne me comprends pas !... — tu te figures qu'il

L'autre était un flacon microscopique, recouvert de papier bleu très-épais.

— Sais-tu ce que c'est que ça? — demanda Paul.

— Ma foi, non.

— Devine.

— Comment devinerais-je.

Paul dévissa le couvercle de la boîte

Elle était remplie d'une poudre presque impalpable.

— Ceci, — reprit le jeune médecin, — est de l'acétate de morphine; — et là-dedans, — ajouta-t-il en désignant le flacon, — il y a de l'acide prussique... — deux des plus violents poisons que connaisse la chimie...

Ernest fit un mouvement d'effroi.

— Cache bien vite cette abominable pharmacie!... — s'écria-t-il; — il me semble que ce cabinet se remplit déjà d'une odeur vénéneuse!... — Je me sens du feu dans le creux de l'estomac et je ne réponds plus de la digestion de mon dîner...

— Veux-tu que je te dise ce qui pourrait m'arriver de plus heureux en ce moment? — demanda Paul, tout en revissant lentement le couvercle de la petite boîte.

— Oui.

— Eh! bien! ce serait de saupoudrer cette cuillerée de charlotte russe d'une imperceptible pincée de cette poudre, ou de verser dans ce verre de vin de la Romanée une goutte du contenu de ce flacon...

— Ah çà ! — demanda Ernest, de plus en plus abasourdi, — fais-tu du mélodrame, mon cher?...

— En aucune façon, je te dis la plus exacte vérité.

— Tu as envie de mourir?...

— Très-envie, et il serait fort heureux pour moi, je te le répète, d'avoir le courage de me passer cette fantaisie...

— Mais, pourquoi, enfin?... — Ceci est sérieux, et tu dois avoir un motif bien grave...

— Pourquoi?... — interrompit Paul, — parce qu'il m'arrive le pire malheur qui puisse foudroyer un garçon d'intelligence et de cœur... — je suis amoureux d'une drôlesse, j'abdique en ses mains ma raison, ma dignité, ma délicatesse, et si elle demandait mon honneur, j'en suis arrivé à ce point que je le lui donnerais...

— Ah! — dit Ernest en riant, — n'est-ce que cela?... — J'avais peur, je te l'avoue, que ce ne fût beaucoup plus grave...

— Plus grave !... Eh! mon cher, je vois bien que tu ne me comprends pas!... — tu te figures qu'il s'agit d'une de ces passions qui naissent, vivent et meurent en quinze jours; dont le prologue se joue au Prado ou au bal Mabille et dont les oreillers de tous les hôtels garnis du quartier latin savent les rapides dénouements... — S'il en était ainsi, tu aurais raison... mais, malheureusement, ce n'est pas cela!.... — la créature dont il s'agit, je l'aime comme un fou!... je l'aime à mourir pour elle!... — bien plus, je l'aime à l'épouser si elle le voulait!... — je l'adore et je la méprise... — il n'y a que mon amour qui soit à la hauteur de mon mépris, et que ma souffrance qui égale mon amour!... — Songe donc qu'en ce moment, à l'heure où je parle, cette femme est assise à côté d'un autre homme... dans ses bras peut-être... — songe donc que je sais ce qu'elle faisait hier!... que je sais ce qu'elle fera demain... songe qu'elle appartient à tout le monde, excepté à moi, et que, malgré cela, je l'aime... oh! je l'aime!...

Ces derniers mots furent jetés, comme un cri de désespoir, avec un tel accent de douleur qu'Ernest, quoiqu'il lui fût impossible de prendre cette passion au sérieux, ainsi que le faisait Paul, ne put s'empêcher de plaindre sincèrement son ami.

Beaucoup de gens, d'une nature faible et impressionnable, rendent leur mal plus dangereux en s'en exagérant à eux-mêmes la gravité.

L'exaltation du caractère de Paul Lascours le mettait, moralement, dans une situation semblable.

— Je songeais tout à l'heure, — reprit-il, — je songeais à aller ce soir attendre cette femme à sa porte et à tuer d'un coup de pistolet l'homme avec qui elle rentrera... — Vois-tu, mon cher, il n'est pas certain que je ne monterai pas sur l'échafaud à cause de cette femme...

— Est-ce que je la connais ? — demanda Ernest.

— Si tu la connais ? — oui certes, tu dois la connaître !... qui est-ce qui ne la connaît pas ?... — tu dois même avoir été son amant... personne !... excepté moi !... moi, qui l'aime !...

— Mais, son nom ?

— Suzanne.

En prononçant ce nom, Paul épiait la physionomie d'Ernest.

Il aurait été désespéré en s'apercevant que son ami connaissait réellement la femme dont il était question, et qu'il avait eu avec elle des relations intimes.

Mais Ernest secoua la tête.

Jamais il n'avait entendu parler de Suzanne.

— Depuis combien de temps es-tu dans cette sotte position ? — demanda-t-il à Paul.

— Depuis un mois.

— Et, comment cela a-t-il commencé?

— J'étouffe ici... viens chez moi... dans ce pied-à-terre du faubourg Montmartre dont je t'ai parlé... et je répondrai à ta question.

— Mais pourquoi ne le fais-tu pas immédiatement?

— Parce que je veux, d'abord et avant tout, te montrer le portrait de Suzanne.

— Son portrait?...

— Oui. — Oh! une simple épreuve photographique... Mais d'une admirable ressemblance...

— Est-ce elle qui te l'a donnée?

— Non pas... — je l'ai achetée...

— Achetée!... cela se vend donc?

— Pardieu!... — il n'y a rien d'aussi publié que le portrait de Suzanne, — il n'y a que Suzanne elle-même qui le soit davantage... — répliqua Paul avec amertume; — le daguerréotypeur du boulevart Montmartre vend dix francs chaque épreuve, et cette vente lui procure un revenu considérable... — Qui est-ce qui ne dépense pas volontiers dix francs pour un souvenir?... et, pour tous les hommes de Paris, Suzanne est un souvenir!... — allons, viens...

Les deux jeunes gens quittèrent ensemble le café

Vachette et s'engagèrent dans la rue du faubourg Montmartre.

Paul était redevenu silencieux.

Aux bouffées de fumée qu'il laissait échapper du coin de sa bouche, par saccades et à intervalles irréguliers, on devinait qu'il était en proie à quelque sourde colère.

Enfin il s'arrêta devant la maison qui fait suite à l'entrée du passage Verdeau.

Au-dessus de la porte cochère de cette maison, se voient le mot: — Bains, — et un écusson d'huissier.

— C'est ici, — dit Paul, — entrons.

La chambre que le jeune homme appelait son pied-à-terre était située au cinquième étage dans l'escalier du premier corps de logis.

Elle donnait sur la rue et son ameublement était un peu plus confortable que les chambres d'étudiants au quartier latin.

Un papier perse couvrait les murailles.

Il y avait, sur le parquet, un tapis, commun, mais de couleurs vives.

Le mobilier consistait en un grand divan rouge, — un lit à rideaux de mousseline blanche, — une commode, deux fauteuils et une table ovale, — le tout en acajou et recouvert en damas de laine.

Sur la cheminée, une pendule en bois de palissandre et deux flambeaux.

Il n'y avait pas un grand luxe dans cette chambre, comme on voit, mais c'était propre.

IX

UNE SOIRÉE RUE RACINE.

Ernest se laissa tomber sur le divan.

— Nous voici chez toi, — dit-il, — j'écoute...

— Oh! rien ne presse, — répliqua Paul, — nous avons la nuit entière devant nous... D'abord, faisons du punch...

— Quoi! nous sortons de table!... nous avons déjà bu plus que de raison, et tu veux boire encore!...

— Oui, encore, — oui, toujours!... — Il n'y a que cela dans le monde qui soit un plaisir sérieux, réel.

— Va, je comprends bien les pauvres diables qui meurent de faim, et qui, au lieu d'acheter du pain avec les quelques sous verdegrisés qui salissent le fond de leur poche, achètent de l'eau-de-vie!... — Ce sont de vrais philosophes, ceux-là!... — Un pain les rassasierait à peine et les laisserait face à face avec leur horrible misère !... — L'eau de feu, comme disent les sauvages, leur fait tout oublier et les rend riches et heureux pour quelques heures !...

Ernest continuait à étudier le visage de Paul.

Ce visage exprimait la plus entière conviction. — Évidemment le jeune homme était de bonne foi et parlait sérieusement.

— Quelle chose étrange ! — pensait Ernest, — et quel type curieux à observer !... Voilà donc ce que la passion peut faire de nous !... — Un garçon plein de cœur et d'une magnifique intelligence, admirer les chiffonniers ivres !... Est-ce croyable ?

Ce n'était peut-être pas croyable ; — à coup sûr ce n'était pas vraisemblable, — mais c'était vrai.

Paul ouvrit un placard pratiqué dans l'une des épaisseurs de la muraille.

Il en tira une bouteille de rhum, — des citrons, — du sucre, — des cuillers, des verres, et un bol en porcelaine blanche, très-épaisse.

Il mit dans le bol le sucre et le jus des citrons.

Il versa là-dessus le contenu de la bouteille de rhum, et, bientôt après, grâce à une allumette chimique, une flamme bleuâtre, mêlée de filets d'un rouge vif, scintilla au-dessus du bol.

Paul remplit les deux verres.

Il en vida un, — et dit :

— Ce punch est bon.

Puis il s'assit en face d'Ernest, et, après avoir allumé un cigare, il demanda :

— Tu veux savoir comment j'ai connu cette femme?

— Depuis plus d'une heure je te prie de me le raconter.

— Ecoute donc..., mais, d'abord, dis-moi. Connais-tu Edgard d'Anglebert?

— Non. — Qu'est-ce que c'est que ça?

— C'est un vicomte, — un Bordelais, — un étudiant en droit de première année... — Il est à Paris depuis trois ou quatre mois... — il demeure rue Racine; — son père, un vieux fou millionnaire, lui fait une pension de deux ou trois mille francs par mois, sous prétexte qu'il faut que les jeunes gens s'amusent... — Edgard se conforme à la lettre aux intentions paternelles, — il donne des déjeuners, — des soirées, — des soupers. — Il fait et fait faire dans son hôtel un bacchanal inimaginable, — et, comme bien tu penses, toutes ces demoiselles du quartier latin sont folles de lui... — Je le connaissais sans être lié avec lui, — il m'avait invité deux ou trois fois à aller prendre le thé à son hôtel, et je n'avais jamais accepté parce que je savais qu'on jouait chez lui un lansquenet d'enfer, et que je n'aime pas le jeu...

Paul s'interrompit.

— Je n'ai pas entendu parler de ce M. d'Anglebert, — dit alors Ernest, — mais ce n'est pas étonnant, car, cette année, absorbé comme je le suis par mes travaux littéraires, je ne vois presque pas d'étudiants...

— Oh! peu importe, — Edgard ne joue dans tout ceci, comme tu vas voir, qu'un rôle accessoire... — Un matin, j'avais chez moi deux ou trois amis. — Mon concierge me monte une petite lettre, que l'entreprise Bidault venait d'apporter... — J'ai conservé cette lettre, — a voici.

Et Paul, en parlant ainsi, tendait à Ernest un chiffon de papier rose qu'il venait de prendre dans le tiroir de la table ovale.

C'était une invitation lithographiée.

Ernest lut les lignes suivantes :

« *Le vicomte Edgard d'Anglebert prie M. Paul Las-*
« *cours de lui faire le plaisir de venir passer la soirée*
« *chez lui, le jeudi 17 décembre.*

« *Il s'agit d'une soirée de garçons, — c'est assez dire*
« *que les femmes y seront en majorité.*

« *P. S.*

« *Mademoiselle SUZANNE arrivera à minuit et quart,*
« *très-précis.* »

Ce billet d'invitation était original dans sa rédaction.

Mais ce qu'il renfermait de plus bizarre était, sans contredit, le *post-scriptum*.

Ces mots : — *Mademoiselle Suzanne arrivera à minuit et quart très-précis*, — remplaçaient la formule habituelle : — *On dansera*, — *on soupera*.

Le mot : SUZANNE était lithographié en grosses lettres.

— Je t'ai dit, — poursuivit Paul, — qu'au moment où cette invitation me fut remise, j'avais chez moi deux ou trois amis.

Je leur montrai le billet en riant et je leur dis :

« — Qu'est-ce que c'est que cette *Suzanne* mise en vedette au bas de ce carré de papier, comme mademoiselle Rachel au bas de l'affiche du Théâtre-Français ?

« — Mais, — me répondit l'un d'eux, — Suzanne est tout bonnement l'une des plus jolies filles de Paris, si ce n'est la plus jolie !...

« — Demeure-t-elle au quartier latin ?

« — Allons donc !... Suzanne !... une des brillantes étoiles de la haute bohême galante !... l'amie intime de la célèbre Camélia... — Elle habite les hauteurs du quartier Bréda, — quelque chose comme la rue de la Bruyère, ou la rue de La Rochefoucault, ou la rue de Navarin... la Cythère enfin des prêtresses de la moderne Vénus...

« — Est-ce qu'Edgard est son amant ?

« — Je ne crois pas... — nous le saurions... — D'ailleurs c'est un garçon de bon goût, et il ne se servirait pas de sa maîtresse pour faire une réclame à sa soirée...

« — Mais alors, comment se fait-il qu'elle vienne chez lui ?...

« — Je l'ignore.

« — Elle ne doit point être une habituée des *raouts* d'étudiants, ce me semble !

« — Elle n'y met jamais les pieds ! — Suzanne au quartier latin, c'est le phénix, *rara avis*, — et j'offre de parier que le ban et l'arrière-ban des écoles de droit et de médecine vont affluer jeudi prochain rue Racine et qu'on fera des bassesses pour obtenir une invitation... — je conseille à Edgard d'avoir un piquet de garde municipale à la porte. — Vous serez là, vous, Paul, à coup sûr, puisque vous êtes invité.

« — Je ne sais pas si j'irai...

« — Comment ?

« — Dix fois Edgard m'a prié d'aller chez lui, et dix fois je n'en ai rien fait...

« — Oui, mais ces dix fois-là, Edgard n'avait pas Suzanne.

« — Qu'importe ?

« — Comment, qu'importe ?

« — Sans doute, — je ne suis pas curieux de voir cette femme.

« — Dans la rue ou au spectacle, peut-être, — mais là, chez un ami, vous pourriez la voir de près, — lui parler à votre aise, et même lui faire la cour, si le cœur vous en dit.

« — Et, pourquoi lui ferais-je la cour ?

« — Pourquoi ?... — Ah ! ma foi, vous êtes adorable !... — évidemment ce ne sera pas pour l'épouser.

« — Non, décidément, je n'irai pas.

« — Vous avez tort ! — vous ne savez point ce que vous perdez !...

« — Ah çà ! cette femme est donc bien belle ?

« — Si elle n'était que belle, ce ne serait rien... mais elle est charmante ! — Figurez-vous un charme souverain, une séduction irrésistible ! — Des yeux de vierge chrétienne agenouillée devant l'autel, des yeux baissés et chastes sous de longues paupières qui, tout à coup, se relèvent, s'enflamment et laissent jaillir des regards à fondre le cœur... — Une bouche d'ange du Corrége et des sourires de Vénus Aphrodite ! — spirituelle, rieuse et moqueuse ! —

rouée comme le cardinal Dubois... — dépravée comme une matrone en tablier blanc ! Voilà Suzanne, — un démon en jupe de femme !... »

Tandis que Paul parlait ainsi, Ernest s'agitait sur le divan et semblait préoccupé outre mesure.

Nous savons déjà que le bon jeune homme envisageait tout au point de vue de sa manie littéraire.

— Ah ! — se disait-il, — que ne suis-je sténographe et que ne puis-je prendre des notes !... Comme je tirerais bon parti de tout cela ! Quel dialogue naturel et coloré ! quelle tirade à effet !... — On croit la voir, cette Suzanne, et cet animal de Paul vient, sans qu'il s'en doute, de reproduire un portrait tracé de main de maître !...

On voit qu'Ernest n'était pas bien difficile.

Ajoutons cependant, pour qu'on ne se croie point en droit de trop l'accuser de mauvais goût, que le débit de Paul, débit passionné, saccadé, nerveux, enfiévré, contribuait pour beaucoup à l'illusion d'Ernest, et donnait un relief singulier à son langage fort ordinaire et parfois trivial.

Paul ne s'aperçut point de la préoccupation, cependant très-visible, de son compagnon.

Il avala, coup sur coup, trois ou quatre verres de punch, — il essuya la sueur qui mouillait son front brûlant, et il continua :

— Je restai seul.

« J'étais, je t'en donne ma parole d'honneur, parfaitement décidé à ne pas aller chez Edgard d'Anglebert.

« Dans l'ordre naturel des événements, je devais, cinq minutes après, penser à toute autre chose, et ne plus m'occuper d'une femme que je ne connaissais pas et que je ne voulais pas connaître.

« Mais il y a une fatalité qui se mêle de nos affaires malgré nous, et le diable tenait à ne point perdre cette occasion de jeter sur moi son grappin maudit !...

« Un nom revenait sans cesse bourdonner à mes oreilles. — C'était celui de *Suzanne*.

« Ma pensée ne pouvait se détacher de cette femme !...

« Je me rappelais, l'un après l'autre, tous les mots qui avaient servi à la dépeindre, et je commentais ces expressions.

« Je cherchais à me représenter *ces yeux de vierge chrétienne agenouillée devant l'autel, ces yeux baissés et chastes, sous de longues paupières, se relevant tout à coup, s'enflammant, et laissant jaillir des regards à fondre le cœur.*

« Je me les figurais, tantôt noirs, tantôt bleus, — tantôt d'une couleur changeante et profonde comme celle des vagues de la mer... — Je les voyais, ces yeux, et, de quelque façon qu'ils m'apparussent, le rayon qui s'échappait de leurs prunelles semblait pénétrer dans mon regard et m'agitait d'un trouble bizarre.

« Puis, c'était *cette bouche d'ange du Corrége, avec des sourires de Vénus Aphrodite.*

« Ces sourires me brûlaient les yeux !

« Je ne savais pas si Suzanne était petite ou grande.

« J'ignorais si elle était blonde ou brune et je n'avais pas pensé à le demander.

« Aussi mon imagination enfantait successivement des images qui ne se ressemblaient point les unes aux autres, et qui, cependant, m'apparaissaient comme des réalités.

« C'était la première fois de ma vie que je me trouvais sous l'empire d'une hallucination aussi bizarre.

« Je m'en inquiétais et je m'efforçais de la combattre par tous les moyens !

« Ce fut en pure perte.

« J'étais amoureux déjà, — ou plutôt j'étais fou ! — non point d'un portrait, — cela peut, au moins, se comprendre encore, — mais d'une femme dont je ne pouvais pas même me faire une idée exacte, et à côté de laquelle j'aurais passé dans la rue sans la reconnaître, puisque je ne la connaissais pas !

« Voyons, Ernest, réponds-moi franchement, — toi qui te dis romancier, et par conséquent anatomiste du cœur humain, — était-ce ou n'était-ce pas là une folie bien caractérisée et de la plus étrange espèce ?

X

L'ATTENTE.

— Ma foi, — répondit Ernest, — je serais fort embarrassé de répondre à ta question... — Tout ce que je sais, c'est que si tu écrivais ce que tu me racontes là, tu ferais un roman bien original...

— Absurde !... insensé !... peut-être, — répliqua Paul, — mais original, hélas ! non !.....

— Comment ?...

— *Les mille et une Nuits, les mille et un Jours*, et tous les contes arabes et persans du monde, sont remplis d'histoires du même genre, tout aussi invraisemblables que la mienne... — Ne te souviens-tu pas qu'on y trouve, à chaque page, quelque beau prince qui, sur un mot dit en l'air, devient eperdûment amoureux d'une belle princesse inconnue, et qui, pour la trouver, enfourche l'hyppogriffe, bat la campagne et court le monde...

Ernest, forcé de s'avouer que Paul avait raison, baissa le nez et ne répondit rien.

Il y eut un instant de silence.

Paul acheva de vider le bol de punch, dont les cinq sixièmes avaient disparu.

Puis il reprit :

— Bref, le jeudi 17 décembre, moi qui m'étais promis de ne pas mettre les pieds à la soirée d'Edgard, j'arrivais chez lui, — comme dit Molière, — *devant que les chandelles ne fussent allumées.*

« Le maître de l'hôtel, plein d'égards, comme bien tu penses, pour un locataire formidablement riche qui faisait à lui tout seul plus de dépense que tous les autres locataires ensemble, et qui ne vérifiait jamais le total de ses notes mensuelles, avait mis à sa disposition toutes les pièces du premier étage.

« Les portes avaient été enlevées, afin de rendre les communications faciles.

« Quant aux préparatifs, ils ne ressemblaient pas précisément à ceux d'une fête dans les salons du faubourg Saint-Germain et du faubourg Saint-Honoré, mais ils étaient babyloniens, si l'on considère qu'il s'agissait d'une soirée d'étudiants au quartier latin.

« D'abord, les innombrables bougies d'une foule de candélabres et de *bras* appliqués contre les murailles par un tapissier, répandaient une lueur éclatante. — C'était véritablement un éclairage *a giorno*.

« Dans la plus vaste pièce, — celle où l'on devait danser, — les bougies (sans doute pour rappeler à ces dames les doux souvenirs du bal Mabille et du Château des Fleurs) se cachaient dans des lanternes chinoises de toutes les couleurs.

« C'était d'un effet vulgaire, mais pittoresque et réjouissant pour l'œil.

« Tout à l'entour on avait placé des banquettes.

« Une petite tribune improvisée était réservée à l'orchestre, composé de deux violons, d'une flûte et d'un cornet à piston.

« Dans une seconde pièce, une immense table, recouverte d'un tapis de serge verte et de cinquante ou soixante jeux de cartes, attendait les joueurs et les joueuses de lansquenet.

« Enfin, dans une troisième pièce, se trouvait le buffet.

« Il y avait là une profusion de *victuailles*, propre à faire sourire Gargantua.

« Sur deux tables se voyaient, rangés en bataille, des bataillons ou plutôt des régiments de bouteilles de vin de Bordeaux et de vin de Champagne.

« Puis des pâtés de foie gras, — des jambons, — des saucissons truffés, — des galantines, — des langues fourrées et toutes sortes de fruits confits.

« Chevet avait été dévalisé au profit de ce buffet splendide!...

« J'entre là dans des détails qui doivent te paraître insignifiants, mon cher Ernest.

« Mais, que veux-tu, tout ceci m'a frappé. — Je fis attention à tout, et je te dis les choses telles que je les ai remarquées... — D'ailleurs, pour paraître dans toute sa valeur, un tableau a besoin de son cadre...

— Va toujours... va toujours, — répondit Ernest; — aujourd'hui le roman ne vit que de détails! — c'est en cela que notre époque excelle... — Le premier *gratte-papier* venu, — comme dirait monsieur mon père, — ferait dix volumes in-8 avec le petit in-18 du *Voyage sentimental*, et quatre ou cinq avec la nouvelle de vingt-cinq pages du *Voyage autour de ma chambre*...

— C'est peut-être pour cela que les trois quarts des romans modernes sont si ennuyeux... — fit Paul.

— Ah! je ne dis pas le contraire... mais on peut faire mieux... — répliqua Ernest avec une physionomie qui sous-entendait ce dernier membre de phrase :

« Oui, on peut faire mieux, — et je m'en charge... »

— Je t'ai dit, — poursuivit Paul, — que j'arrivai le premier chez Edgard d'Anglebert.

« C'était d'autant plus absurde que je n'étais pas le moins du monde de ses amis intimes, mais une simple connaissance.

« Ceci ne l'empêcha point de me recevoir d'une façon charmante.

« — Ma foi, mon cher Paul, — me dit-il, — c'est bien gracieux à vous d'être venu ce soir... je l'espérais à peine, car, jusqu'à présent, vous m'avez tenu rigueur... mais, soyez tranquille, si cela ne dépend que de moi, vous ne regretterez pas l'emploi de votre soirée, — d'abord vous allez voir la belle des belles...

« Le cœur me battit.

« — Mademoiselle Suzanne? — demandai-je.

« — Elle-même. — La connaissez-vous ?

« — Non.

« — Eh bien! vous allez en devenir amoureux, tenez-le pour certain !... d'abord nous sommes tous amoureux d'elle...

« — Vous aussi ? — demandai-je en m'efforçant de sourire.

« — Oh! moi, plus que les autres, — j'en perds la tête !...

« — Eh bien! qui vous empêche d'être heureux ?...

« — Oh! mon Dieu, rien et tout.

« — Je ne vous comprends pas parfaitement.

« — C'est que vous ne connaissez pas Suzanne !... — c'est une créature étonnante !... — on ne peut l'avoir que de deux manières, — elle se vend ou elle se donne... — pour l'acheter, il faut des sommes folles, que j'aime autant employer à autre chose ; — pour l'obtenir d'elle-même il ne faut qu'un caprice... — or, elle en a souvent, — disons-le, — elle en a presque tous les jours et pour à peu près tout le monde, mais, jusqu'ici, le vent n'a pas encore soufflé de mon côté... j'attends qu'il souffle... — mais je fais profession de philosophie, — je ne suis point jaloux de ceux qui sont favorisés plus vite que moi et je ne vous empêche nullement de vous mettre sur les rangs... — si vous le faites, je vous souhaiterai bonne chance !... — Voulez-vous un cigare...

« J'acceptai.

« — Alors, — poursuivit Edgard, — venez avec moi...

« Il me conduisit dans la salle où se trouvait la table de lansquenet.

« Une gigantesque coupe du Japon, placée au milieu de cette table, à côté des jeux de cartes, renfermait quatre ou cinq cents *régalias* admirablement choisis.

« J'en pris un.

« — Jouez-vous ? — me demanda Edgard.

« — Jamais, — répondis-je.

« — Pourquoi ?

« — Je n'aime pas le jeu, et, même si je l'aimais, je crois que je ne jouerais point.

« — Je vous dirai de nouveau : — *Pourquoi ?*

« — Parce que je n'aurais pas le désir de gagner et que je ne suis pas assez riche pour perdre.

« — Oh ! oh ! — s'écria Edgard en riant, — je vois que vous êtes un sage !... moi, je joue, et j'ai presque toujours le plaisir de perdre...

« — Le plaisir ?...

« — Oui. — Rien ne me serait plus désagréable que de réunir mes amis chez moi pour leur gagner leur argent, — j'aime bien mieux qu'ils emportent le mien...

« Tout cela était dit sans affectation, — de la façon la plus simple et la plus naturelle.

« Évidemment ce qu'Edgard disait, il le pensait, — ce jeune homme me faisait comprendre, beaucoup mieux que je ne les avais comprises jusque-là, les fastueuses et insouciantes prodigalités de la Régence.

« En ce moment quelques jeunes gens arrivèrent, et le maître de la maison cessa de s'occuper exclusivement de moi.

« Puis les pécheresses en renom du quartier latin, — les héroïnes de la Chaumière et du Prado, firent des entrées bruyantes.

« En moins d'une demi-heure il y avait déjà tout près de quatre-vingts personnes réunies dans *les salons* d'Edgard.

« L'orchestre était à son poste.

« On organisa des polkas, des redowas et autres schotishs.

« Les courtisans du *roi de carreau*, les fervents adorateurs de la *dame de pique*, se mirent à la table de lansquenet.

« Moi je ne dansais ni ne jouais.

« J'allais d'une pièce à l'autre, en proie à une fébrile impatience. — Toutes les femmes me paraissaient laides. — Je trouvais la musique discordante, et le temps me semblait horriblement long.

« Je regardai ma montre.

« Il était dix heures précises.

« Suzanne ne devait arriver qu'à minuit passé, — j'avais encore plus de deux heures à attendre!...

« A quoi les employer, ces deux mortelles heures?...

« Malgré mon aversion pour les cartes, — malgré ce que je venais de dire à Edgard un instant auparavant, il me sembla que le jeu était en ce moment ma seule ressource pour ne pas mourir d'ennui.

« Je m'assis donc à côté des autres joueurs, et, quand les cartes arrivèrent à moi, je fis ma banque.

« La chance se déclara, tout d'abord, en ma faveur, je passai six fois de suite et je gagnai une trentaine de louis.

XI

DÉCEPTION.

Paul s'interrompit pendant une seconde et voulut se verser du punch.

Mais nous savons déjà que le bol était vide.

— Au diable! — s'écria-t-il, — plus rien à boire, et je meurs de soif!...

Il alla au placard qu'il ouvrit, et, à son grand regret, il le trouva veuf de toute espèce de bouteilles.

Alors il se versa un grand verre d'eau, dont il avala le contenu tout d'un trait mais avec une grimace significative, et il revint s'asseoir à côté d'Ernest.

— Où en étais-je? — demanda-t-il à ce dernier.

— Tu en étais au lansquenet et aux trente louis qu'une veine heureuse te faisait gagner.

— C'est juste. — Je continue : — La chance me resta favorable presque sans intermittences, et je continuai à gagner... — Mon gain dépassa bientôt mille écus; — pour un étudiant, c'était énorme! — eh bien! mon cher, je t'en donne ma parole d'honneur, je ne ressentis en aucune façon cette fascination prétendue qu'exerce le jeu, dit-on, sur ceux qui s'y livrent pour la première fois. — Je n'étais pas fâché de gagner, mais j'aurais reperdu tout cet argent sans le moindre regret.

« Cependant le temps avait passé vite.

« J'entendis quelqu'un demander à côté de moi :

« — Quelle heure est-il?

« — Minuit, — répondit la personne à laquelle cette question s'adressait.

« Je tressaillis ; — je me levai vivement et j'annonçai que je ne jouerais pas davantage.

« Cette détermination excita le mécontentement de plusieurs de ceux qui venaient de perdre contre moi des sommes de quelque importance.

« Ils murmurèrent et j'entendis prononcer à demi-voix le mot : — *Charlemagne !*...

« Mais je ne m'en inquiétai guère !...

« Songe donc, il était minuit !...

« Minuit !... — l'heure attendue !...

« Suzanne allait venir !...

« Je cherchai Edgard, et, lorsque je l'eus découvert, je ne le quittai pas des yeux, afin de pouvoir me trouver à côté de lui quand il irait recevoir l'héroïne de la fête.

« Au bout de dix minutes environ, un domestique entra dans la pièce où nous nous trouvions tous deux et remit un billet à Edgard.

« Il lut ; — il fit un geste violent de désappointement et froissa le billet entre ses mains.

« Instinctivement, il me sembla comprendre que ce billet devait avoir quelque rapport à celle que j'attendais avec une si ardente impatience.

« Je m'approchai de M. d'Anglebert.

« — Ah ! pardieu ! mon cher, — me dit-il, — vous voyez l'homme du monde le plus contrarié !...

« — Pourquoi donc?

« — Désormais on dira de moi : *Menteur comme un programme*, et l'on aura raison !...

« — Que se passe-t-il donc?

« — Il se passe que, comme vous savez, j'ai promis Suzanne à mes invités...

« — Eh bien?

« — Eh bien ! Suzanne ne viendra pas !

« Il me sembla que je recevais un coup de bâton sur la tête.

« — Vous croyez qu'elle ne viendra pas? — murmurai-je stupidement.

« — J'en suis pardieu bien sûr !...—Elle me l'écrit; — voyez...

« Et il me remit le billet qu'il venait de recevoir.

« Ce billet, je l'ai gardé, comme la lettre d'invitation d'Edgard, le voici.

Pour la seconde fois, Paul fouilla dans le tiroir de la table ovale, et présenta à Ernest une feuille de papier couverte de pattes de mouches hiéroglyphiques.

Ernest lut ce qui suit :

De chez Camélia, onze heures et demie.

« Mon cher Edgard,

« Je vous manque de parole !...

« Ce n'est pas gentil, n'est-ce pas ? — et vous allez m'en vouloir beaucoup.

« Eh bien ! il n'y a point de ma faute ! — mais là, vrai.

« La preuve que je voulais aller chez vous, c'est que j'ai fait la plus ravissante toilette qu'il soit possible d'imaginer, — afin de vous faire honneur.

« Franchement, je me proposais de tourner la tête de tous vos jeunes étudiants, — *l'espoir de la France !* — comme on dit dans les discours de distribution des prix.

« Je tenais à m'implanter de vive force dans les cœur naïfs de ces futurs premiers présidents, procureurs généraux et procureurs du roi...

« Ça peut-être utile plus tard !...

« Bref, j'avais dîné chez Camélia avec une douzaine d'amis et d'amies.

« J'allais partir pour la rue Racine.

« Déjà j'avais demandé ma pelisse et Camélia, qui m'envoyait dans sa voiture, avait fait atteler.

« Mais voici que, tout d'un coup et à l'improviste, est arrivé *quelqu'un*, que, pour des raisons pécuniaires fort importantes, je dois ménager.

« Ce *quelqu'un* ne s'arrangerait nullement de ma fuite, et je suis obligée de rester.

« Tout ce que je puis faire est de me réfugier pendant cinq minutes dans le cabinet de toilette de Camélia et de vous écrire ces quelques lignes afin que vous ne m'attendiez pas plus longtemps.

« Encore une fois, mon cher Edgard, soyez gentil et ne me gardez pas rancune...

« Je vous tends ma patte blanche afin que vous déposiez sur le bout de mes doigts une douzaine de jolis baisers.

« Mille regrets et mille gracieusetés de votre petite amie.

« Suzanne. »

P. S.

« Camélia entre en ce moment dans son cabinet ; elle me charge de vous dire qu'elle donne demain une grande soirée, et qu'elle vous prie d'y venir et d'amener avec vous quelques-uns de vos amis.

« J'y serai.

« Je compte sur vous pour la première polka.

« A propos, cette pauvre Camélia est furieuse.

« On lui a apporté ce matin un roman qui vient de paraître : *les Viveurs de Paris*, dans lequel elle est nommée en toutes lettres et où on lui fait jouer, à ce qu'il paraît, un assez vilain rôle...

« Ce qu'il y a de pis, c'est que, — me disait-on tout à l'heure, — l'histoire est parfaitement vraie.

« Ces auteurs ne respectent rien !...

« Un de ces jours, je le parierais, on m'imprimera toute vive, moi qui vous parle !...

« Ce serait une infamie, tout bonnement !...

« Heureusement que ça me serait bien égal.

« A vous,

« S. »

Paul reprit :

« — Qu'est-ce que vous dites de ce billet ? — me demanda Edgard.

« — Je dis que, pour une pécheresse, cette femme n'écrit pas trop mal et met correctement l'orthographe, — répondis-je afin de cacher mon trouble.

« — Oh ! la drôlesse est spirituelle... elle a été bien élévée, à ce qu'il paraît...

« — Elle n'est donc pas, comme toutes ses pareilles, issue d'une ouvreuse de loges ou sortie de quelque soupente de portier ?

« — Oh ! je n'en sais rien et je ne m'en inquiète guère !... — Franchement, si jolie que soit Suzanne elle ne me préoccupe pas autrement, et son manque de parole me laisserait très-indifférent s'il ne devait me faire passer pour un Gascon.

« A cela il n'y avait rien à répondre.

« Je voyais très-bien qu'au fond Edgard éprouvait beaucoup plus de dépit qu'il n'en voulait laisser paraître, mais il eût été désobligeant d'en faire la remarque.

« Après un instant de silence, Edgard reprit :

« — Connaissez-vous Camélia ?

« — De vue seulement ; — je l'ai rencontrée souvent au théâtre.

« — Enfin vous n'allez pas chez elle ?

« — Non.

« — Comment la trouvez-vous ?

« — Admirablement belle.

« — Avez-vous lu ce roman dont parle Suzanne ?

« — Oui.

« — Est-ce curieux ?

« — C'est amusant.

« — De qui est-ce ?

« Je nommai l'auteur.

— Ah ! — interrompit Ernest, — un auteur bien médiocre, en vérité, et dont je ne m'explique guère le succès !... — Ce n'est pas la jalousie qui me fait parler, grand Dieu !... — Je ne lui envie rien, ni à lui ni à personne ; mais je déplore le mauvais goût de notre époque, quand je vois réussir des romans comme les siens !... — Cabinets de lecture et lecteurs en sont entichés !... Dieu sait pourquoi !... quant à moi, je l'ignore... — Ses livres sont remplis d'imaginations extravagantes ! — Son esprit est contestable!... — Son style est négligé!... — Ah! je désespère du public!...

Paul écouta patiemment cette tirade, et il continua :

— Je comprends à merveille, — me dit Edgard, — qu'on ait mis Camélia dans un roman, — car c'est un type bien caractérisé, et une existence des plus excentriques... — Voulez-vous que je vous présente à elle?...

« Je pensai à l'instant même que, chez Camélia, je verrais Suzanne.

« Aussi, répondis-je sans hésiter :

« — Ma foi, si la chose est possible, je vous avoue que je ne demande pas mieux.

« — Non-seulement possible, mais facile. — Vous voyez qu'elle me prie de lui amener quelques-uns de mes amis.

« — Alors, je profiterai de votre offre obligeante.

« — Voilà qui est convenu. — Demain soir, — ou plutôt, ce soir, car il est minuit passé, — je vous prendrai chez vous à dix heures, et nous irons ensemble rue de Provence.

« Rien ne me retenait plus à la soirée d'Edgard.

« Je lui donnai une poignée de main et je retournai chez moi.

XII

SOIRÉE CHEZ CAMÉLIA.

— Le lendemain, à l'heure dite, — poursuivit Paul, — Edgard d'Anglebert vint me chercher en voiture. « Nous arrivâmes rue de Provence.

§

. . . .

Ici, nous devons prendre la parole à la place du personnage que nous mettons en scène.

Les détails dans lesquels il entra, relativement au splendide logis de Camélia, seraient une redite fastidieuse.

Dans la première partie des *Valets de Cœur*, nous avons minutieusement décrit l'appartement de la pécheresse, et nos lecteurs doivent se souvenir des événements importants qui eurent le boudoir des tapisseries pour théâtre.

Ajoutons que le personnel des soirées de Camélia se trouvait au grand complet.

On y voyait la vieille courtisane Florine, traînant

à sa suite Jules de Larnac, rivé à elle par les chaînons de fer d'une inexplicable passion.

Le gros Célestin Barrois s'y montrait en compagnie de la très-légère Didine, qui ne quittait point des yeux son tendre ami le vicomte de Médoc.

Philippe de Gessy et la volage Olympe n'avaient eu garde d'y manquer.

Le général Laforge escortait la diaphane Pirouette, qui, ce soir-là, n'avait point dansé, — au grand désespoir des habitués de l'Opéra, — (à ce que prétendait le vieux Valet de Cœur).

Enfin, Georges de Giverny promenait à travers la foule, comme de coutume, sa verve moqueuse et son esprit taquin.

Et, maintenant que nous avons remis nos lecteurs en pays de connaissance, rien ne nous empêche de rendre la parole à Paul Lascours. — C'est ce que nous allons faire.

§

— Au moment où nous arrivâmes, Edgard et moi, — reprit le jeune homme, — Camélia vint au-devant de nous.

« Je lui fus officiellement présenté, et elle m'accueillit par le plus gracieux sourire.

« — Je suis sûre que vous m'avez un peu accusée hier au soir... — dit-elle à Edgard.

« — Et de quoi, mon Dieu ? — demanda ce dernier.

« — D'avoir empêché Suzanne d'assister à votre soirée.

« — Pourquoi vous aurais-je accusée ? — Son billet vous innocentait complètement.

« — Elle disait l'exacte vérité, — et je vous affirme qu'elle était horriblement contrariée de l'arrivée intempestive de l'agent de change de qui elle dépend.

« — Pauvre petite chatte ! — dit Edgard en riant. — Je comprends qu'un agent de change est un homme de poids, et qu'on doive le ménager.

« — Ainsi fait-elle... — et certes, il lui faut plus de patience et de résignation que je n'en aurais, car ce gros Tournesol est un homme impossible !... — gros et court, — coureur et stupide, — et jaloux par-dessus le marché !... jugez !

« — Qu'a-t-il donc pour lui ? — demanda Edgard en riant.

« — Son argent ! — répondit Camélia avec un geste et un accent dignes de mademoiselle Rachel.

« — Et, — fit Edgard, — est-elle ici, cette pauvre victime ?...

« — Non, — elle n'est pas encore arrivée.

« — Mais elle viendra ?

« — Oh ! ceci n'est pas douteux.

« En ce moment un laquais, splendidement vêtu d'une livrée verte, chamarrée d'or, annonça d'une voix éclatante :

« — Monsieur Tournesol !... — Mademoiselle Suzanne !...

« — Vous voyez, — dit Camélia à Edgard.

« Je me retournai vivement.

« Une jeune femme, entièrement vêtue de blanc, entrait, au bras d'un gros homme d'une laideur invraisemblable.

« C'était Suzanne !...

« Je m'étais fait de la beauté de cette pécheresse une idée étrange et presque fantastique.

« Je m'attendais à voir resplendir autour d'elle une atmosphère lumineuse, semblable à celle qui rayonne autour des anges dans les tableaux de quelques grands maîtres.

« Je m'attendais à être ébloui.

« Mon premier regard jeté sur Suzanne m'apporta une sorte de désenchantement.

« Je m'étais figuré une fée, et, au lieu de cette fée, je ne voyais plus qu'une jeune fille, d'une beauté ravissante, il est vrai, mais fort humaine.

« Il me sembla, dans le premier moment, que cette sorte de déception m'apportait plus de joie que de chagrin.

« Il me sembla que mon cœur redevenait libre et que j'échappais à un grand péril.

« Je n'éprouvais plus qu'un vif sentiment de curiosité à l'endroit de cette femme qui, pendant les journées et les nuits précédentes, m'avait si violemment agité.

« Je me glissai à travers la foule et je m'approchai de Suzanne, afin de la mieux voir.

« Je t'ai déjà dit qu'elle était vêtue tout en blanc.

« Sa robe de gros de Naples avait une forme simple et gracieuse et le corsage décolleté laissait voir d'admirables épaules et la naissance d'un sein aussi beau que celui de la Vénus de Milo.

« De longues boucles de cheveux d'un blond cendré ruisselaient le long des joues de Suzanne et encadraient merveilleusement l'ovale délicat de sa figure.

« Une guirlande de roses blanches et de violettes s'enlaçait, par derrière, à ses cheveux nattés.

« Un bouquet des mêmes fleurs tremblait à l'échancrure de son corsage, et elle en tenait un autre à la main.

« Tout cet ensemble offrait quelque chose de virginal et de poétique qui parlait à l'âme beaucoup plus qu'aux sens.

« Suzanne ne paraissait guère avoir que dix-huit

ou dix-neuf ans, et le rameau symbolique de fleurs d'oranger semblait devoir être le complément naturel de cette blanche parure.

« — Eh quoi ! — pensais-je, — c'est là cette courtisane éhontée, qui se vend au plus offrant ! — C'est là cette bacchante sans pudeur qui se donne au premier caprice ! Est-ce possible ?... Est-ce croyable ?... Un front si pur peut-il mentir à ce point ?...

« Et, malgré l'évidence, je me prenais à douter.

« Quelques minutes se passèrent.

« Camélia avait pris le bras de Suzanne que l'agent de change Tournesol venait de quitter pour aller s'installer dans le salon de jeu.

« Je continuai à ne pas perdre de vue la jeune femme.

« Je vis Edgard s'approcher d'elle.

« Elle lui tendit la main et le regarda en souriant.

« Un frisson électrique passa dans tout mon corps !... — Ce sourire et ce regard venaient de déchirer le voile, — la jeune fille avait disparu, — la syrène m'apparaissait avec sa magie fatale, avec ses irrésistibles séductions.

« Ce regard, c'était le soleil de l'Orient, se levant sur les voluptueuses campagnes de l'Inde, et, de ses rayons de flamme, ranimant et embrasant la nature !

« Ce sourire, c'était un étincellement de dents d'ivoire, sous des lèvres aussi rouges que la fleur du grenadier... — C'était le sourire enivré de la Ménade haletante et inassouvie...

« Je compris aussitôt que tout ce qu'on m'avait dit était vrai, — que tout ce que je craignais était réel...

« J'étais amoureux de Suzanne!... »

. . . .

Arrivé à ce point de son récit, Paul s'arrêta.

Il secoua du bout des doigts la cendre de cigare dont il était couvert.

Il alluma un autre cigare, et il dit à Ernest :

— Sois franc, mon cher, et conviens que tu me trouves parfaitement ridicule, et que mon histoire ne t'intéresse pas le moins du monde...

Ernest se récria.

— Tu ferais mieux de me dire nettement : *Oui*, — poursuivit Edgard, — nous laisserions là cette aventure, qui n'a pas plus le sens commun que celui qui la raconte, et nous irions tous les deux nous promener sur le boulevard...

— Non-seulement tu te trompes, — répliqua Ernest, — mais encore ton récit m'intéresse à un tel point que chaque interruption m'est pénible...

— Vrai?

— Parole d'honneur !

— Alors ne t'en prends qu'à toi-même si je continue...

— Va donc !... j'écoute...

XIII

SUZANNE.

— Tu comprends, mon cher ami, — reprit Paul, — que je ne peux pas entrer avec toi dans les mille et un détails infiniment futiles de ce qui se passa pendant cette soirée.

« J'en arrive immédiatement à certains faits qui ont leur importance, quoiqu'ils soient bien peu de chose en eux-mêmes.

« Suzanne dansait.

« Je m'étais accoudé dans l'embrâsure d'une croisée, et là je m'absorbais dans une contemplation stupide, — ridicule au premier chef, — et si évidente, qu'il était impossible qu'elle ne fût pas bientôt remarquée.

« Edgard s'approcha de moi et me toucha légèrement l'épaule.

« — Mon cher ami, — me dit-il en souriant, — voulez-vous que je vous dise ce que vous faites là, et à quoi vous pensez en ce moment?...

« — Mais, — répondis-je, — ce n'est pas bien difficile de me dire cela. — Je regarde le bal, et je pense qu'il est charmant...

« — Oui... oui... — Certainement il y a du vrai dans votre réponse, seulement vous généralisez beaucoup trop...

« — En quoi donc?

« — En cela que ce n'est pas le bal que vous regardez, mais Suzanne, — et que c'est elle seule que vous trouvez charmante.

« — Vous croyez?

« — Oh! je fais mieux que croire, — je suis sûr... — et j'ajouterai que vous êtes en train de devenir fort éperdûment amoureux de cette jolie personne...

« — Allons donc!... — m'écriai-je, — c'est une plaisanterie!...

« Mais, tout en parlant ainsi, je me sentais rougir comme un écolier pris en faute.

« — Eh! mon Dieu, — reprit Edgard, — ne rougissez pas!... vous subissez la loi commune... ne vous ai-je pas dit hier au soir que nous étions tous amoureux de Suzanne...

« — Eh bien! soit; — seulement je ne suis pas

plus amoureux d'elle que vous ne l'êtes vous-même...

— Eh! ce n'est déjà pas mal!... je suis horriblement épris!...

« Ce fut à mon tour de sourire. — Cette passion si vive dont parlait Edgard me trouvait incrédule.

« — Ah çà! — reprit-il, — quoique nous soyons rivaux, — puisqu'il est admis et incontestable que nous le sommes, — je veux vous rendre un service...

« — Un service?...

« — Oui.

« — Lequel?

« — Je vais vous présenter...

« — A qui?

« — A Suzanne, pardieu!...

« Il me sembla que mon cœur cessait de battre tout à coup.

« J'allais donc voir les yeux de Suzanne se fixer sur moi!... j'allais lui parler!... — J'allais entendre le son de sa voix s'adressant à moi!...

« Cependant, et afin de ne point témoigner un empressement trop grand, je répondis :

« — A quoi cela me mènera-t-il?

« — Comment, à quoi?... mais, d'abord, à avoir

vos grandes entrées chez Suzanne, en attendant que vous ayez les petites...

« — Vous croyez donc qu'elle me permettra de me présenter chez elle ?...

« — Mais, parfaitement !... — Suzanne est une bonne fille qui n'a jamais refusé sa porte à personne... — d'ailleurs elle a ses jours de réception, où le passé, le présent et l'avenir sont admis à lui faire la cour... — On voit très-bonne compagnie chez elle, mon cher ami, — il y vient des notabilités de toutes sortes, — des ministres futurs, des ex-pairs de France, — des sénateurs, — des députés, — des artistes, — des romanciers, — des auteurs dramatiques, — des statuaires, — des musiciens, — des peintres et des journalistes !... — Suzanne aime beaucoup la littérature et les arts, et elle encourage la fusion !... — Dans son salon on parle de tout, — excepté de politique... — Allons, venez...

« — Mais on danse encore...

— Vous voyez que cette redowa touche à sa fin, — je vais vous présenter aussitôt que Suzanne sera revenue à sa place...

« Edgard m'entraîna et je me laissai faire.

« Nous rejoignîmes la jeune femme au moment où son danseur la reconduisait.

« — Ma chère Suzanne, — lui dit Edgard en lui

offrant son bras, qu'elle accepta, — il faut que vous me permettiez de vous présenter un de mes amis... M. Paul Lascours, que voici... il est éperdûment amoureux de vous...

« Il me sembla que je devenais pâle comme la mort et qu'un nuage passait devant mes yeux.

« En ce moment, je m'inclinais devant Suzanne, — je ne vis plus rien et je crus que j'allais tomber.

« J'entendis un frais éclat de rire

« — Amoureux de moi!... — répéta Suzanne, — et depuis quand cela, mon Dieu ?...

« — Mais, — répondit Edgard, — depuis que vous êtes entrée dans ce salon!...

« — Savez-vous qu'il y aura bientôt une heure, de cela!... — C'est une passion déjà ancienne!...

« Un second éclat de rire accentua cette phrase; — puis Suzanne reprit, mais cette fois en s'adressant à moi, et d'un ton aussi naturel et aussi dégagé de tout embarras que si elle me connaissait depuis longtemps :

« — N'est-il pas vrai, monsieur Paul, que c'est une chose bizarre et bien absurde qu'un homme se croie obligé de n'aborder une jolie femme qu'en lui disant qu'il est amoureux d'elle!... — franchement, le comprenez-vous ?...

« — Mais, — balbutiai-je, — quand cela est vrai?...

« — Vrai ? quoi ?...

« — Que l'homme est amoureux réellement...

« — Oh! je vous en prie, — dit vivement Suzanne, — ne continuez pas cette plaisanterie d'Edgard!... — Réellement il serait déplorable que des gens d'esprit comme nous ne puissent sortir de ces fades galanteries de convention, qui n'ont d'importance pour personne, — pas plus pour ceux qui les récitent que pour celles qui les écoutent... — Tenez, donnez-moi le bras, monsieur Paul, — promenons-nous ensemble et dites-moi tout ce que vous voudrez, excepté que vous êtes amoureux de moi...

« Et, tout en parlant ainsi, Suzanne passait sans façon son bras sous le mien...

— Pardon, mon cher ami, mais je t'arrête ici... — dit Ernest.

— Pourquoi m'arrêtes-tu ? — demanda Paul.

— Parce que j'ai une observation à te faire...

— Voyons.

— Je t'ai entendu, ce soir, te plaindre amèrement de Suzanne, — la maudire, l'appeler coquette, et même un peu coquine...

— Eh bien ?...

— Eh bien, il me semble que tu étais complètement dans ton tort.

— Ah! il te semble cela?...

— Oui.

— Pourquoi?

— Parce que Suzanne se conduisait avec toi de la façon la plus franche, la plus loyale, — ne te donnait pas le moindre encouragement, pas la plus petite espérance, et que, dans sa conversation avec toi, non-seulement je ne vois pas une ombre de *coquinisme*, mais pas même un nuage de coquetterie...

Paul haussa les épaules.

— Ceci n'est pas une réponse, — dit Ernest en s'apercevant de ce mouvement.

— Mon cher ami, — demanda Paul, — ai-je rêvé que tu faisais du roman?

— Non, tu ne l'as pas rêvé le moins du monde...

— J'en fais.

— Qu'est-ce qu'un roman, je te prie?

— C'est une peinture plus ou moins exacte de ce qui se passe dans le cœur humain.

— Pour peindre le cœur humain, il faut le connaître, n'est-ce pas?

— Sans doute.

— Eh bien! jette au feu ta plume et ton papier et continue ton droit... tu n'es pas romancier... et je doute que tu le deviennes jamais...

— Ah! par exemple! — s'écria Edgard stupéfait, — à quel propos me dis-tu cela ?...

— A propos de ton interruption et de ton observation de tout à l'heure! — Quoi! tu veux peindre les passions... tu veux analyser les sentiments, et tu ne devines seulement pas que la plus dangereuse des coquetteries est celle qui se cache le mieux, et que le piége le plus redoutable est celui duquel il est impossible de se méfier! — Tu agis, en outre, comme le ferait un feuilletoniste qui prétendrait juger une comédie dont il n'aurait vu que le premier acte.

— Allons, — dit Ernest, — je conviens que j'ai eu tort. — Continue.

Cette soumission, fort rare chez un homme de lettres inédit, dont on froisse les prétentions (car c'est d'eux surtout que le poète a pu dire : *irritabile genus!*), désarma Paul.

Il reprit donc, sans se faire prier :

— Je t'ai dit que Suzanne avait pris mon bras... — au lieu de se laisser guider par moi, elle me conduisait, et, soulevant une portière de tapisserie que j'avais prise pour une partie intégrante de la tenture, elle me fit entrer avec elle dans une petite pièce faiblement éclairée.

« C'était, je l'ai su depuis, le boudoir de Camélia.

« Il était entièrement tendu en soie d'un ton pâle, et cette clarté faible provenait d'une lampe de porcelaine de la Chine transparente, suspendue au plafond.

« — Dans ces salons encombrés de monde, — me dit Suzanne, — on étouffe... — Ne trouvez-vous pas, monsieur Paul ? — Asseyons-nous ici... au moins on y respire, et, si vous le voulez bien, causons...

« J'étais abasourdi de ce tête-à-tête. — Ce qui m'arrivait, quoique bien simple au fond, me semblait tellement invraisemblable que j'osais à peine y croire.

« — Causons ! — me disait Suzanne.

« Mais de quoi lui parler à cette femme qui m'interdisait le seul sujet de conversation qui, peut-être, m'aurait permis de trouver des paroles.

« Je restais muet, je me sentais stupide et je maudissais du fond du cœur cette situation que j'aurais si fort enviée un quart d'heure auparavant.

« Suzanne ne semblait pas s'apercevoir le moins du monde de mon embarras...

« Elle s'asit sur une causeuse, et, rapprochant les plis de sa jupe, avec un geste d'une inimitable élégance, elle me fit une place à son côté.

« Puis elle reprit :

« — Peut-être trouvez-vous, monsieur Paul, que j'ai un peu trop rudoyé votre ami tout à l'heure, ce pauvre Edgard!... — Eh! mon Dieu, j'ai eu tort sans doute; mais, que voulez-vous, c'est plus fort que moi!... — j'éprouve un véritable accès d'impatience nerveuse chaque fois que j'entends quelqu'un m'affirmer qu'il est amoureux de moi, — de cette même façon dont on dit : *il fait bien beau temps aujourd'hui!* ou : *je vais aller me promener au bois de Boulogne!* — Ces absurdes déclarations d'amour, aussi vulgaires, aussi usées que le ridicule : *votre humble et très-obéissant serviteur*, de la fin des lettres, à quoi donc servent-elles ? — Si c'est une formule de simple politesse, elle est impertinente! — Est-ce donc qu'on nous croit, nous autres pauvres femmes, assez complètement sottes, assez aveuglées par une vanité imbécile, pour nous sentir flattées des banalités idiotes de ces absurdes complimenteurs, qui se figurent, par une insipide déclaration d'amour, rendre hommage à notre beauté? — Eh! mon Dieu, notre beauté, nous la connaissons mieux que vous, messieurs, — faites-nous donc l'honneur et le plaisir de ne nous en point parler sans cesse, — traitez-nous en égales!... — regardez-nous comme de bons garçons, et oubliez que nous sommes femmes, pour ne vous en souvenir que quand nous vous le rappellerons nous-mêmes, — vous verrez que vous nous plairez bien plus ainsi, et que nous saurons vous le prouver !...

— Oh ! — pensa Ernest, — encore une tirade à effet !... et quelle tirade ! !... je donnerais un louis, de grand cœur, pour pouvoir m'en souvenir mot à mot et la mettre dans mon roman.

XIV

CONVERSATION.

— Mon cher ami, — reprit Paul, — je viens de te redire littéralement les paroles de Suzanne, que j'ai retenues mot pour mot par un prodigieux effort de mémoire...

« Mais ce qu'il m'est impossible de rendre, c'est le regard, — c'est le geste, — c'est l'inimitable diction que mademoiselle Mars aurait enviée...

« Sans doute il y avait beaucoup de paradoxe dans ce que Suzanne venait de me débiter, — mais des paradoxes ainsi présentés suffiraient pour faire tourner la tête la plus solide, — et la mienne ne l'était guère.

« — Monsieur Paul, — reprit Suzanne, — vous allez me trouver bien folle et bien extravagante, mais bah! — Tenez, vous allez voir si je ne suis pas avec vous *un bon garçon*, ainsi que je le disais tout à l'heure, et franc, surtout!... — Il y a cinq minutes que je vous connais, eh bien! je ressens pour vous un commencement d'amitié qui ne demande qu'à devenir une véritable et très-sincère affection... — vrai, vous m'avez plu tout de suite!... — J'ai confiance en vous... — pourquoi? — je n'en sais rien... — c'est un instinct qui me dit que vous valez mieux, de toutes les façons, que ces autres jeunes gens, si suffisants, — si ennuyeux, — si sots, — si nuls! — Voulez-vous être mon ami? — Vous verrez comme nous nous entendrons bien ensemble! — entre nous il n'y aura pas de sexe et l'amour n'aura rien à voir! — ce sera charmant!... Voyons, voulez-vous?...

« — Votre ami, — balbutiai-je, — quoi! rien que votre ami?...

« — Et que voulez-vous donc être de plus? — Mon amant? — Pourquoi faire?... — Est-ce que je vous aime d'amour? — Est-ce que l'amour existe?... — Est-ce que j'ai un cœur?... — Allez-vous aussi me parler d'amour?... — Alors, bonsoir et adieu... je ne vous connais pas!...

« Ceci fut dit par Suzanne d'un ton sec et presque dur.

« Je frissonnai et je dus pâlir.

« — Eh bien ! oui, — m'écriai-je, — votre ami... rien que votre ami... tout ce que vous voudrez...

« — A la bonne heure !... — Vous me plaisez ainsi, et vous êtes charmant !... — je déteste les hommes, moi, savez-vous !... — et savez-vous pourquoi ?... — C'est parce qu'ils m'obsèdent de leur grotesque passion, qui n'a pour but qu'un plaisir trivial et bestial !... — J'étranglerais mes amants avec bonheur !... et ce serait la seule jouissance qu'ils m'auraient procurée !... — Mais un ami... un ami véritable et désintéressé, à qui je pourrais montrer mon âme et confier mes chagrins... Oh ! celui-là, je l'aimerais d'une tendresse infinie et jamais sœur n'aurait eu pour son frère un dévouement pareil...

« — Suzanne ! — m'écriai-je avec enthousiasme, — je serai votre frère.

« — Merci ! — me répondit la jeune femme, en attachant sur moi un regard humide, qui me bouleversa, — en me souriant d'un sourire infernal et divin, et en prenant ma main qu'elle serra entre les siennes.

« Le contact de cette peau fraîche et veloutée produisit sur moi un effet aussi prompt, aussi irrésistible, que si j'avais touché une torpille.

« Un délire voluptueux agita tout mon être, — je fermai à demi les yeux et je crus que j'allais défaillir.

« Suzanne s'aperçut à merveille de cette commotion, mais elle n'en continua pas moins à serrer ma main, et, quand mon regard s'attacha de nouveau sur son visage, il me sembla que ses yeux se noyaient et que ses prunelles allanguies exprimaient une émotion semblable à la mienne.

« Il y eut un instant de silence.

« Mon cœur battait, sans contredit, plus de cent cinquante pulsations à la minute.

« Suzanne, la première, rompit ce silence.

« — Paul, — me demanda-t-elle, — quel âge avez-vous ?

« — Vingt-quatre ans.

« — Vous êtes mon aîné de cinq ans... — et, que faites-vous donc à Paris ?

« — Je suis étudiant en médecine.

« — Ah ! tant pis !...

« — Pourquoi ?...

« — Parce que les médecins sont presque tous matérialistes et durs... — L'habitude de traiter les plaies du corps les rend insensibles aux souffrances de l'âme, auxquelles ils ne croient guère... et, moi, j'ai tant besoin de quelqu'un qui me comprenne et qui me console...

« — Vous souffrez donc ?

« — Oui, — et cruellement !...

« — Et qui vous fait souffrir ?...

« — Cette horrible vie que je mène...

« — Pourquoi n'en pas changer ?

« — Ah ! pourquoi ?... Mon Dieu, parce que c'est impossible !...

« — Tout ce qu'on veut, on le peut...

« — Cela se dit, — mais ce n'est pas vrai.

« — Si je vous prouvais le contraire...

« — Vous ?

« — Oui, moi.

« — Eh bien ! vous me rendriez un grand service... — mais je doute que vous réussissiez...

« — J'essaierai.

« — Oh ! je ne demande pas mieux... — Mais vous n'essaierez même pas !... — Demain matin, vous ne vous souviendrez seulement plus de moi...

« — Demain, et toujours, vous serez mon unique pensée.

« — Bien vrai ?

« — Je vous le jure !...

« — Ainsi, vous viendrez me voir ?

« — Me le permettez-vous ?...

« — Non-seulement je vous le permets, mais je vous en prie... — Souvenez-vous que rue de La Bruyère, 21, vous serez toujours reçu comme un ami, à cœur ouvert...

« — Ne me dites pas cela... j'irais vous importuner trop souvent...

« — *M'importuner !...* — Un mot absurde et que vous ne pensez pas !... Pourquoi toujours des expressions qui n'ont point de sens ! — Mais il ne faut pas que le désir d'avoir un ami me rende égoïste... — Si vous veniez trop souvent chez moi, que dirait votre maîtresse ?...

« — Elle ne dirait rien... et cela pour la meilleure de toutes les raisons !

« — Laquelle ?

« — C'est que je n'ai pas de maîtresse...

« — Paul, vous mentez !...

« — Je vous jure que non !

« — Eh bien ! tant pis !...

« — Comment ?

« — Oui, tant pis !... — Il n'est pas bon qu'à votre âge un jeune homme ait le cœur libre. — Mais nous remédierons au mal...

« — De quelle façon ?

« — Vous verrez chez moi de charmantes femmes...

« — Eh bien ?

« — Vous en aimerez une.

« — Et c'est vous, Suzanne, — m'écriai-je, — qui me proposez cela !...

« — Pourquoi non ?...

« Jusqu'à ce moment, j'avais été assis à côté de la jeune femme.

« Je me levai.

« — Pourquoi, — m'écriai-je. — Eh ! vous le savez aussi bien que moi !... — Que me parlez-vous, depuis une heure, d'une amitié froide et d'une affection de frère !... — Ne sentez-vous pas qu'entre vous et moi il n'y a pas d'amitié possible !... — qu'auprès de vous, mon sang bout, — mon cœur bat, — ma tête s'égare !... — Chassez-moi !... dédaignez-moi !... — fermez-moi votre porte !... — soit !... c'est votre droit, et, comme vous ne me devez rien, je n'aurai pas seulement la pensée de me plaindre, mais ne me parlez pas d'aimer une autre femme que vous... car vous voyez bien que je vous aime !...

« — Ah ! — répliqua Suzanne, en frappant avec son bouquet mes deux mains étendues vers elle, — ce n'est pas là ce dont nous sommes convenus !...

« — Nous ne sommes convenus de rien... — je n'ai rien promis !... — Mon cœur et ma tête sont remplis de vous, et aucune puissance humaine ne pourrait m'empêcher de vous dire que je vous aime...

« — Ainsi, vous voilà comme les autres !... Au lieu des paroles amicales que j'espérais, ce sont des galanteries qu'il me faut entendre !...

« — Oh ! je vous en supplie, Suzanne, ne comparez point ce que je vous dis avec ce que vous disent les autres !... — Leurs lèvres, à eux, murmurent des lieux-communs qu'ils répètent à l'oreille de toutes les femmes !... — Moi, c'est mon cœur tout entier qui parle !... — c'est mon âme qui s'exhale en un cri d'amour !...

« — Paul, vous êtes fou !...

« — Peut-être, — mais vous n'avez pas le droit de me le reprocher, car c'est de vous que vient ma folie !...

« — Songez que je ne vous ouvrirai ma maison qu'à la condition de ne me point tenir un pareil langage...

« — Alors, fermez-moi votre porte, car ce que je viens de vous dire, je vous le répéterai sans cesse...

« — Ecoutez, je ne peux voir dans ceci qu'un instant de délire, — un moment de fièvre passagère dont je vous guérirai...

« — Non, car je ne veux pas guérir !...

« — Un triste malade que j'aurai là !... — enfin

j'essaierai... — Venez demain... je vous attendrai à deux heures...

« — Sans conditions?...

« — Oui, sans conditions... — Êtes-vous content?..

« Je ne pus que balbutier :

« — Vous êtes un ange!... — en tombant à genoux devant Suzanne et en couvrant de baisers ses deux mains qu'elle ne me retira pas trop vite.

« — Ecoutez, — me dit alors la jeune femme, — il ne faut pas que notre disparition puisse être remarquée; — je sors la première de ce boudoir... — restez-y pendant deux ou trois minutes encore. — Si nous rentrions ensemble dans les salons on ne manquerait pas de faire une foule de suppositions ridicules que je veux éviter.

« — Allez-vous donc danser encore? — demandai-je avec un commencement de jalousie.

« — Non.

« — Que ferez-vous?

« — Je jouerai au lansquenet.

« — Vous!...

« — Est-ce que cela vous étonne?...

« — Un peu. — Il est impossible que vous soyez joueuse!...

« — C'est ce qui vous trompe... — Le jeu est ma passion dominante...

« Et Suzanne ajouta en riant :

« — Ne vous a-t-on pas prévenu que j'avais tous les vices?...

« Puis, sans attendre ma réponse, elle souleva la portière et sortit légèrement du boudoir.

« Au bout de trois ou quatre minutes, je la suivis.

« Elle était, en effet, installée déjà à la table de lansquenet, et l'ardeur du jeu enflammait son délicieux visage.

« Elle jouait fort gros jeu et très-malheureusement.

« Au bout d'une demi-heure, elle se tourna vers moi et me dit :

« — Paul, avez-vous de l'argent sur vous?

« — Oui, — répondis-je.

« — J'ai perdu tout ce que j'avais apporté, — prêtez-moi quelques louis, je vous prie.

« J'avais dans mon porte-monnaie les billets de banque gagnés la veille au soir chez Edgard.

« Je lui tendis un billet de mille francs, en lui demandant :

« — Est-ce assez ?

« — C'est trop. — Mais si ma mauvaise veine ne vous effraie pas, nous serons de moitié...

« — J'allais vous en faire la proposition.

« — Vous verrez que notre association va nous porter bonheur !...

« Et Suzanne se remit à jouer.

« Elle gagna d'abord, — du moins je le crois, — car, pendant un instant, je vis beaucoup d'or devant elle.

« Mais la chance ne tarda guère à tourner.

« Au bout d'une demi-heure, Suzanne quitta la table de jeu et vint à moi.

« — Mon espoir est déçu, — dit-elle, — nous avons été malheureux...

« — Nous avons perdu ?

« — Oui, les mille francs.

« — Voulez-vous d'autre argent ?

« — A quoi bon ?

« — A nous rattraper.

« — Inutile ; — quand je suis en déveine, j'engloutirais sous trois cartes la fortune de M. de Rothschild... — Je vous dois cinq cents francs, — je vous les rendrai demain, à deux heures, chez moi...

« Suzanne me fit un geste amical, et sortit du boudoir des tapisseries.

« Un instant après je la cherchais, mais Camélia me dit qu'elle venait de partir. »

XV

UN APRÈS-MIDI.

— Je ne restai pas cinq minutes de plus au bal, — poursuivit Paul. Ces salons encombrés de monde me semblaient déserts depuis que Suzanne n'y était plus.

« Je n'ai pas besoin de te dire que, le lendemain, je fus exact au rendez-vous, et qu'à deux heures précises je sonnais à la porte de Suzanne, 21, rue de La Bruyère.

« Cette porte me fut ouverte par une soubrette à la mine plus qu'éveillée.

« — Mademoiselle Suzanne? — demandai-je.

« La soubrette me regarda du haut en bas, presque impertinemment, et me répondit :

« — Madame est sortie.

« — Mais c'est impossible!... — m'écriai-je.

« — Et pourquoi donc ça, monsieur?...

« — Parce qu'elle m'a donné rendez-vous, cette nuit, au bal, pour aujourd'hui à deux heures...

« — Ah! c'est vous, monsieur, que madame attend?...

« — Moi-même.

« — Alors, c'est différent. — Vous vous appelez monsieur Paul?...

« — Oui.

« — Dans ce cas, monsieur, venez par ici...

« La soubrette, — j'ai su depuis qu'elle se nommait Fanny, — me fit traverser une petite pièce obscure et m'introduisit dans un salon assez grand, entièrement tendu en perse et richement meublé.

« Là, elle me dit :

« — Monsieur veut-il prendre la peine d'attendre un peu... — en ce moment *monsieur* est avec madame, mais madame viendra aussitôt qu'elle sera libre...

« Puis elle sortit et me laissa seul.

« Cette phrase si simple qu'elle venait de prononcer m'avait fait un mal horrible.

« Tu sais aussi bien que moi ce que veut dire ce mot : *monsieur*, dans l'argot des pécheresses.

« *Monsieur* est le Valet de Cœur à qui la Vénus tarifée vend de l'amour argent comptant.

« Suzanne était avec cet homme!... — le lourd agent de change Tournesol, sans doute!...

« Je devais m'y attendre, — c'était la chose du

monde la plus naturelle, — et, cependant, je ne pouvais me faire à cette idée qu'elle allait venir à moi, les lèvres chaudes encore des baisers de ce satyre millionnaire !...

« Absurde et ridicule imbécile !... je commençais à être jaloux !... — et jaloux de qui ?... d'une femme dont je connaissais le passé et le présent, — d'une femme faisant de son corps métier et marchandise, — d'une femme, enfin, sur laquelle je n'avais aucun droit, d'aucune sorte !...

« Cinq minutes se passèrent.

« Je m'étais laissé tomber sur une chauffeuse, et je dévorais ma colère sourde.

« Enfin, cette colère acquit une telle intensité, que je me levai et que je me dirigeai vers la porte, bien résolu à quitter à l'instant même cette maison et à n'y plus remettre les pieds.

« Mais voici qu'en levant les yeux sur le panneau qui se trouvait à côté de la porte, j'y vis, suspendue dans un cadre ovale, une tête au pastel, qui me cloua sur place et anéantit ma résolution.

« C'était le portrait de Suzanne.

« Ces traits si charmants, cette beauté si jeune et si fraîche, se trouvaient reproduits avec une admirable fidélité et un prodigieux bonheur d'expression.

« Ce n'était pas de la peinture, — c'était la nature elle-même, — le reflet vivant de ce délicieux visage.

« Ajoute, pour compléter l'illusion et pour me mettre de plus en plus sous le charme, que le costume et la coiffure ne différaient pour ainsi dire pas de ceux avec lesquels Suzanne m'était apparue la veille au soir.

« Ce portrait me replongea dans une extase passionnée, pareille à celle que j'avais éprouvée chez Camélia en voyant Suzanne.

« Combien de temps dura cette extase ? — je ne sais.

« J'en fus tiré par l'attouchement d'une petite main qui se posa légèrement sur mon épaule.

« Je me retournai, — c'était Suzanne... Suzanne souriante, et, je crois, plus jolie encore que la veille.

« — Bonjour, Paul, — me dit-elle en me tendant la main.

« Puis elle ajouta aussitôt :

« — Mais, comme vous voilà sombre !... est-ce que vous m'en voulez de vous avoir fait attendre ?...

« Je m'inclinai devant elle, et je ne répondis pas.

« — Ah ! par exemple, — reprit-elle vivement, — ce serait mal !... oui, bien mal !... car, enfin, il n'y a rien de ma faute !... — il est tombé chez moi à l'improviste et comme un inconvénient, ce gros idiot de Tournesol, qui ne sait faire à propos qu'une seule chose, acheter quand il y a de la baisse et vendre quand la hausse est revenue !... — il avait mis dans sa tête de m'emmener avec lui à je ne sais quelle chasse dans la forêt de Saint-Germain... — J'ai eu toutes les peines du monde à m'en débarrasser et à le mettre à la porte !... et voici que, quand j'arrive auprès de vous tout enchantée de voir en vous un vieil ami que je connais depuis au moins cinq ou six heures, vous m'accueillez avec un visage sinistre et des sourcils froncés !... — Convenez-en, mon cher Paul, c'est assez peu aimable, ce que vous faites-là !...

« L'idée que Suzanne avait éconduit l'agent de change pour me recevoir me rasséréna subitement.

« Je portai sa main à mes lèvres et je répondis :

« — Eh ! bien, oui, — j'avais tort, — j'en conviens et je vous en demande pardon...

« — Je vous pardonne, mais à une condition...

« — Laquelle ?...

« — C'est que vous me direz ce que vous aviez...

« — A quoi bon ?

« — Je le veux !...

« — Vous me trouverez absurde !...

« — Qu'importe?...

« — Eh bien! je vous en voulais...

« — De quoi?

« — De Tournesol.

« — Ah! bah!... et à quel propos?...

« — Parce que cet horrible sac d'écus est amoureux de vous et que vous lui donnez le droit de vous le dire!...

« — Ah! par exemple, ceci est faux!... répliqua Suzanne en riant, — le droit dont vous parlez, je ne le lui donne pas...

— Comment?... — m'écriai-je, — que voulez-vous dire?...

« — Je veux dire, — répondit la jeune femme avec un prodigieux cynisme, — que ce droit il l'achète, et que, même, il le paye fort cher...

« Ceci me renversa.

« Je sentis que jamais je ne pourrais m'accoutumer à voir cette Suzanne pour laquelle je rêvais un temple et des autels, parler ainsi de sa honte avec cette désinvolture cavalière.

« Sans doute ce qui se passait dans mon âme se peignit de nouveau sur mon visage, car Suzanne me dit :

« — Allons bon!... il paraît que vos humeurs noires vous reprennent!... — Savez-vous bien, mon cher Paul, que vous n'êtes pas gai, ce matin!...

« — C'est vrai... Je vois que je vous fatigue, et je vais vous quitter...

« — A merveille!... — J'ai refusé pour vous d'aller à la chasse, et maintenant vous voulez me laisser seule!... — C'est charmant!... — Dieu! quel homme aimable!...

« — Tenez-vous donc à ce que je reste?

« — Comment, si j'y tiens?... — Est-ce que vous pensez par hasard que je vous aurais invité à venir, si je n'avais pas dû avoir du plaisir à me trouver près de vous? — Pourtant, si vous voulez absolument partir...

« — Oh! non! — m'écriai-je, — je suis trop heureux de rester...

« — A la bonne heure... — Aussi bien, je dois vous déclarer que j'aurais fait fermer les portes pour vous garder, malgré vous. — J'ai disposé de toute votre journée et de votre soirée aussi, je vous en préviens.

« Le cœur me battait violemment.

« — Et que ferons-nous? — demandai-je.

« — Voici le programme... — Il n'y sera fait aucun changement... — Quelle heure est-il?

« — Deux heures et demie.

« — D'abord, nous allons passer dans ma chambre, où nous nous installerons bien gentiment au coin du feu, l'un à droite, l'autre à gauche ; — je vous ferai fumer des cigares excellents et nous nous livrerons aux charmes d'une conversation *variée*, en ne négligeant pas d'avoir de l'esprit... — Ceci durera jusqu'à trois heures et demie, à peu près. — Ensuite, nous monterons en voiture et nous irons nous promener aux Champs-Elysées. — Après la promenade, vous me mènerez dîner au cabaret, chez Véfour, aux Provençaux ou chez Douix, enfin, où vous voudrez, et, après dîner, nous irons au Palais-Royal voir le *Chapeau de paille d'Italie* que je n'ai encore vu que onze fois...

— Eh! bien, mon cher ami, — dit en ce moment Paul à Ernest, — était-ce assez clair ? — Si une femme t'avait tenu un semblable langage, qu'en aurais-tu conclu ?

— Que j'étais en bonne fortune, pardieu !... et qu'après le spectacle la dame me ramènerait chez elle, ou que je la conduirais chez moi.

— C'est aussi ce que je me figurai, et la certitude d'un si prompt succès lui fit perdre à mes yeux, pendant un instant, beaucoup de son prix.

« Cependant l'aventure restait attrayante, et je reprenais assez de liberté d'esprit pour pouvoir accomplir la première partie du programme de

Suzanne et causer à peu près spirituellement.

« Une heure s'écoula ainsi.

« Puis, comme trois heures et demie sonnaient à la pendule de la chambre à coucher, la soubrette entra et dit :

« — La voiture que madame a demandée est en bas.

« — Bien ! — répondit Suzanne.

« Et, s'adressant à moi, elle ajouta :

« — Quand vous voudrez...

XVI

UNE SOIRÉE.

« — Mais, — répondis-je, — je suis à vos ordres.

« Suzanne noua sous son menton les brides d'un petit chapeau rose.

« Elle jeta sur ses épaules un grand châle des Indes ; — elle mit des gants d'une couleur charmante et elle me dit :

« — Allons.

« Déjà nous avions fait quelques pas vers la porte, quand tout à coup elle s'écria :

« — Ah! j'oubliais!...

« Et, revenant à son armoire à glace qu'elle ouvrit, elle y prit un petit portefeuille en nacre, finement ciselé, et elle me le présenta.

« — Tenez, mon ami, — fit-elle.

« — Qu'est-ce que cela?

« — Une dette que j'acquite.

« — Comment, une dette?

« — Eh bien! oui...

« Je regardai dans le portefeuille.

« Il contenait un billet de cinq cents francs.

« — Y pensez-vous! — m'écriai-je. — Je n'accepterai certainement pas cet argent!

« — Est-ce que vous auriez par hasard la prétention de m'empêcher de payer mes dettes?

« — Mais vous ne me devez rien!

« — Et notre malheureuse association de cette nuit au lansquenet, l'avez-vous oubliée!

« — Non. — mais...

« — Pas de *mais!* — Prenez, je le veux! — le billet de banque est une dette, — le portefeuille est un souvenir. — Votre débitrice vous rend l'un, — votre amie vous offre l'autre.

« Je voyais clairement dans la physionomie de Suzanne que je l'aurais blessée en insistant dans mon refus.

« Je mis donc le portefeuille dans ma poche.

« — Ah! — reprit Suzanne en riant, — je ne vous rends peut-être pas cet argent pour bien longtemps! — Qui sait ce que je vais vous faire dépenser ce soir...

« Nous montâmes dans le coupé de louage qui nous attendait à la porte, et qui, pendant deux heures, nous véhicula dans la grande avenue des Champs-Élysées, sous les feux croisés des lorgnons des hommes et des jumelles des femmes.

« Suzanne s'affichait à la portière avec des airs évaporés incroyables.

« Presque tous les hommes qui passaient à cheval, ou en doc-kart, ou en phaéton, à côté de notre coupé, envoyaient à Suzanne, du bout des doigts, de petits saluts et des sourires de la plus familière impertinence.

« Ces sourires et ces saluts me donnaient des coups d'aiguille dans le cœur.

« J'avais la fièvre, mais je faisais des efforts surhumains pour paraître gai.

« Ah! — me dit Suzanne tout d'un coup, — nous venons de croiser une demi-douzaine des amis intimes de cet imbécile de Tournesol! — Il ne sera pas revenu à Paris et attablé au Café Anglais depuis cinq minutes, qu'il saura que je me suis montrée aux Champs-Elysées avec un jeune homme.

« — Et qu'en dira-t-il? — demandai-je.

« — Il en dira ce qu'il voudra, ce millionnaire. — S'il se fâche, tant pis pour lui! — Réellement, il commence à m'ennuyer un peu trop! — Cela passe les bornes! — Après lui un autre, dix autres, cent autres! — Un agent de change se remplace!

« Ces paroles me donnaient des accès de rage froide, — il me prenait de folles envies d'étrangle, la femme qui me parlait ainsi...

« Je me disais qu'il fallait non-seulement que Suzanne m'appartînt, mais encore qu'elle ne fût qu'à moi seul.

« — Suzanne, — lui demandai-je en m'efforçant de me contenir, — vous aimez donc beaucoup l'argent?

« — L'argent! — C'est la seule chose en ce monde que j'aime!... non pas pour l'amasser cependant, mais pour le dépenser...

« — Si bien qu'il vous en faut à tout prix?

« — Comme vous dites.

« — Et combien dépensez-vous par an?

« — Oh! jamais assez!...

« — Mais encore?...

« — Deux mille francs par mois, — à peu près, — vingt-quatre ou vingt-cinq mille francs par an...

« Je me dis aussitôt que la part de fortune qui me revenait dans la succession de l'un de mes oncles montait à environ cent mille francs, en immeubles, et que, sur ces biens, il ne me serait pas difficile d'emprunter une soixantaine de mille francs, à l'insu de mon père.

« — Ainsi, — demandai-je, — vingt-cinq mille francs par an vous suffisent?

« — A peu près. — Mais pourquoi vous occuper de cela?...

« — Et si je vous les offrais, ces vingt-cinq mille francs?...

« — Vous, Paul?...

« — Oui, moi.

« — Et pourquoi me les offrir, vous?

« — Pour qu'un autre ne vous les donne pas.

« — Perdez-vous la tête !...

« — Pas le moins du monde.

« — On accepte vingt-cinq mille francs d'un amant, mais d'un ami cela ne s'est jamais vu...

« — Vous savez bien que la chose que je désire le plus en ce monde est de devenir votre amant...

« — Quoi !... encore cette folie !

« — Est-ce une folie, Suzanne, que de vous aimer?

— Je n'en reviens pas !... Ah çà ! vous êtes donc bien riche?...

« — J'ai cent mille francs.

« Suzanne se mit à rire.

« — Cent mille francs ! — dit-elle, — et vous m'en offrez vingt-cinq !... votre tête est plus à l'envers que je ne le croyais, mon pauvre ami !... — Quelle rage vous tient donc de vouloir ce que vous voulez ?... à quoi cela vous servira-t-il ?

« — Mais, puisque je vous dis que je vous aime...

« — Hélas !... vous voilà chantant la chanson des autres !... les mêmes paroles sur le même air ! — Avez-vous vu *la Dame aux Camélias*, au Vaudeville, — Fechter et Doche ?...

« — Quel rapport...

« — Je vous demande si vous avez vu *la Dame aux Camélias* ?

« — Eh bien ! oui.

« — C'est une jolie pièce, n'est-ce pas ?

« — Charmante, mais...

« — Mais, — interrompit Suzanne, — vous ne savez pas à quoi j'en veux venir... — à ceci : — Je ne me sens aucune vocation pour le rôle de Marguerite Gauthier... — je n'éprouve point le besoin d'aller respirer l'air pur des champs à Bougival ou ailleurs, et de me retremper dans les feuilles vertes, du lait frais, et de l'amour également frais... — Or, c'est ce qu'il faudrait faire avec vous, mon cher, car je vous prie de croire que jamais je ne consentirais à vous croquer en trois ou quatre ans vos malheureux petits cent mille francs... — je ne sais plumer, moi, voyez-vous, que les bons gros dindons bien gras.

« — Mais si je veux manger mon argent, — m'écriai-je, — il me semble que j'en suis bien le maître !...

« — Oh ! sans doute, — seulement mangez-le sans moi !... — Je ne tremperai pas seulement une mouillette dans l'œuf à la coque de votre patrimoine lilliputien !...

« Je ne peux pas te dire ce que j'éprouvais, mon cher Ernest, — c'était tout à la fois de l'humiliation et de la rage.

« De la main gauche je me meurtrissais la poitrine, — de la droite je m'arrachais les cheveux.

« — Allons, allons, du bon sens ! — me dit Suzanne en riant, — calmez ces nerfs, cher ami !...

« Et, abaissant la glace de devant du coupé, elle se pencha et cria au cocher :

« — Palais-Royal, — Frères-Provençaux.

« Chemin faisant nous n'échangeâmes pas une parole.

« Au bout de dix minutes nous étions attablés en face l'un de l'autre dans un cabinet du restaurant que je viens de nommer.

« Suzanne voulut faire elle-même la carte de notre dîner.

« Rien ne saurait te donner une idée de l'extravagance du menu qu'elle commanda.

« Elle semblait ne s'attacher qu'à demander les choses les plus chères, sans se préoccuper si ces mets lui plairaient ou non.

« Bref, elle réussit à me faire manger un dîner détestable dont *l'addition* fut de deux cent-cinquante francs.

« Cela te paraît invraisemblable, n'est-ce pas, à deux, dont une femme?

« Mais j'ai conservé cette addition, et je te la montrerai si tu le désires.

« — Voyez, — me dit Suzanne, — je vous avais prévenu, — je coûte cher à nourrir... — j'ai fait dépenser un soir à Tournesol, trois cent quarante francs, au Café Anglais, et, comme je voulais atteindre un chiffre rond de quatre cents, j'ai cassé, après le dessert, pour soixante francs de porcelaines.

« Quelle femme étrange que Suzanne !...

« Elle venait de refuser vingt-cinq mille francs, et elle se réjouissait de gaspiller cent écus.

« Le dîner s'acheva.

« Suzanne avait été aussi étourdissante de verve et de gaîté que j'étais, moi, triste et sombre.

« Vainement j'avais bu beaucoup de vin de Madère et beaucoup de vin de Champagne, — ni l'un ni l'autre ne parvenaient à me rendre moins morose.

« Suzanne m'en plaisantait fort agréablement, et ses plaisanteries, auxquelles je n'osais répondre par des mots durs, augmentaient mon irritation nerveuse.

« Il faut ajouter à cela que, sans trop savoir pourquoi, je commençais à me croire beaucoup moins en bonne fortune que je ne me l'étais figuré d'abord.

« Suzanne avait envoyé l'un des garçons des Frères-Provençaux retenir une loge d'avant-scène au Palais-Royal.

« Nous allâmes au théâtre, à pied, par les galeries. — Ma compagne s'appuyait sur mon bras avec une *morbidesse* délicieuse qui me faisait battre le cœur.

« Suzanne voyait jouer le *Chapeau de paille d'Italie*, ce soir-là, pour la douzième fois, m'avait-elle dit.

« Ceci ne l'empêcha pas de s'amuser énormément.

« Elle riait aux drôleries de la pièce d'aussi bon cœur qu'une pensionnaire qu'on mène une fois au spectacle pendant les vacances.

« — Mon Dieu!... — répétait-elle de temps en temps, — ça fait mal de rire comme ça!... — Mais que c'est donc amusant!... Je verrais jouer cette pièce là toute ma vie!...

XVII

L'AMOUR

— Le spectacle fini, — nous remontâmes dans le coupé qui stationnait dans la rue de Beaujolais.

« Je demandai à Suzanne si elle voulait venir souper à la Maison-Dorée.

« Elle me répondit qu'elle n'avait pas faim, — qu'elle était fatiguée, et que son seul désir était de rentrer chez elle le plus tôt possible.

« Un quart d'heure après, notre voiture s'arrêtait rue de La Bruyère.

« — Au revoir, — me dit Suzanne, — et merci de cette charmante soirée... — Viendrez-vous demain?...

« — Ne puis-je donc monter un instant tout de suite?...

« — Non.

« — Pourquoi?

« — Parce que je ne le veux pas

« — Mais pourquoi ne le voulez-vous pas ?

« — Parce qu'il est minuit passé.

« — Qu'importe ?...

« — Il importe beaucoup.

« — Avez-vous peur de vous compromettre ?...

« — Moi... ah ! par exemple !... — s'écria la jeune femme en riant, — y songez-vous !... Je pourrais bien amener chez moi un escadron de hussards et tout le Jockey-Club, sans me trouver plus compromise que je ne le suis !...

« — Alors, — répliquai-je vivement, — c'est que vous avez quelqu'un chez vous !...

« — Non, je vous assure, — mais quand ce serait... en quoi cela pourrait-il vous sembler mauvais ?...

« Suzanne me demanda cela d'un ton fort sec.

« — Vous avez raison, — répondis-je en baissant la tête.

« — Voyons, — reprit Suzanne, — encore une fois, viendrez-vous demain ?...

« J'ouvris la bouche pour répondre : — *Non*.

« Mais la force me manqua.

« Le *non* projeté se métamorphosa sur mes lèvres en un *oui* à peine distinct.

« — Eh bien, c'est convenu, — je vous attendrai à trois heures... — Au revoir, Paul, — à demain, —

et tâchez d'être plus aimable; car ce soir, sous ce rapport, vous n'êtes pas absolument sans reproche...

« De sa main gantée, Suzanne me donna sur joue un petit soufflet amical.

« Puis elle sauta légèrement hors du coupé, referma la portière et disparut dans le corridor de sa maison.

« J'avais une fièvre horrible, et j'étais dans un état de surexcitation extraordinaire.

« Je sentais à merveille que, si je rentrais chez moi et si je me mettais au lit, je ne fermerais pas l'œil et je souffrirais horriblement de cette longue insomnie.

« Il me sembla que le seul remède à cet état pénible serait de combattre l'agitation morale par la fatigue physique.

« Je me promenai donc sur le boulevard des Italiens, jusqu'à près de trois heures du matin, malgré le froid, malgré le vent qui me coupait la figure, malgré la neige qui commençait à tomber et me fouettait le visage en tourbillons impétueux.

« Au bout de ces deux heures et demie de promenade, j'étais épuisé et transi. — Mes jambes engourdies entraient en rébellion ouverte contre ma volonté et menaçaient de me refuser bientôt le service.

« Je repris donc, par la rue Richelieu, le pont des Saints-Pères, les quais et la rue de Seine, le chemin de mon logis.

« Quand j'arrivai rue de l'Ancienne-Comédie, il était temps. — Je crois, en vérité, que je n'aurais pas pu continuer à marcher jusqu'à la grille du Luxembourg.

« J'allumai un grand feu, je me réchauffai tant bien que mal, je me couchai, et, grâce à mon épuisement, je m'endormis.

« Midi sonnait, quand je me réveillai.

« Je sentais tous mes membres brisés, comme si, la veille, j'étais tombé du haut d'un toit sur le pavé.

« Je me demandai fort sérieusement si je ne ferais pas bien d'oublier Suzanne, — de ne plus penser à mon rendez-vous, et de chercher à me rendormir ?

« La raison disait *oui*.

« Mais le cœur tenait un langage bien différent.

« Bref, tout en délibérant ainsi avec moi-même, je me levais, je m'habillais, et, après avoir déjeuné très-succinctement, je sortais de chez moi et je me dirigeais du côté du quartier Notre-Dame-de-Lorette.

« À trois heures, je sonnais chez Suzanne.

« Que te dirai-je ? — Ce que j'avais fait ce jour-là, je l'ai fait chaque jour depuis.

« J'ai loué ce logement pour me rapprocher de la rue de La Bruyère.

« Ma passion pour la pécheresse est allée en grandissant.

« Ma jalousie naissante est devenue de la rage.

« Je rêve des égorgements inouïs !... des oubliettes gigantesques où j'engloutirais tous ses amants, passés, présents et à venir !...

« Je passe chez elle la moitié de ma vie !... J'y vois une foule de gens que j'enveloppe dans une haine immense et qui, sans doute, me le rendent de leur côté !...

« Deux ou trois journalistes, qui ne viennent rue de La Bruyère que dans le but bien évident d'y causer, comme on cause au club, sont les seuls hommes exceptés par moi dans cette soif de destruction.

« A tous les autres, j'offre avec volupté, en imagination, des gâteaux sucrés avec de l'arsenic et des verres d'eau où l'acide prussique remplace avec avantage la fleur d'oranger.

« Voilà où j'en suis.

« Quant aux résultats positifs de mon amour, ils sont nuls, — complètement nuls !...

« Je n'ai pas fait un pas !...

« Ainsi que je te le disais au commencement de ce récit, — cette femme, qui ne s'est jamais refusée, — qui même n'a jamais fait attendre personne, est plus impossible pour moi que la plus ignorante, la plus chaste, la mieux surveillée des jeunes filles !...

« Elle me reçoit d'une façon charmante, — elle paraît me distinguer parmi les autres et m'accueille avec une faveur marquée, — si bien que tout le monde, excepté moi, croit à mon bonheur.

« Elle défile, à mon intention, un à un, tous les grains du chapelet de la plus infernale coquetterie !... — Dans quel but ?... — Je l'ignore et je ne peux pas venir à bout de le deviner !...

« Aujourd'hui, tout est promesses, — ses regards, — ses sourires, — ses demi-mots, — ses langueurs !...

« Demain, elle sera guindée et froide comme une douairière du faubourg Saint-Germain dans son *corps* de baleine !...

« Enfin, elle me rend fou !... — elle me torture !... — elle me tue !...

« Et, chaque jour, cette chaîne de forçat qu'elle m'a attachée au pied droit se trouve plus solidement rivée... — et, chaque jour, je me sens moins de force pour la rompre...

« Par moments, je cherche à m'étourdir... j'y parviens à demi... je semble ga*i*.

« Mais cette gaîté est fausse et menteuse !... — c'est un masque qui cache un visage désespéré !...

« Quand mes lèvres sourient, les larmes que je cache coulent goutte à goutte sur mon cœur...

« Comprends-tu maintenant pourquoi je me suis mis à boire, — pourquoi l'absinthe et le rhum me semblent des boissons trop faibles ?... — Comprends-tu pourquoi je voudrais m'enivrer sans cesse, et pourquoi je te disais, en te montrant du poison, que ce serait un grand bonheur pour moi d'en finir ??... »

. . . .

Paul se tut.

Tandis qu'il parlait, ses traits s'étaient décomposés peu à peu, — une extrême pâleur les avait envahis, — son regard était atone et sans étincelle, — sa lèvre inférieure pendait.

En quelques minutes, il avait vieilli de plusieurs années, et son visage offrait momentanément ces symptômes d'hébétement que l'abus des liqueurs fortes entraîne à sa suite.

— Est-ce que c'est là absolument tout ? — demanda Ernest au bout de quelques secondes.

En entendant cette question, Paul releva la tête, et sa figure reprit son expression accoutumée

— N'est-ce pas assez ? — fit-il, — et t'attendais-tu à autre chose ?

— Non. — Mais c'est que tu m'avais annoncé tout un roman.

— Et mon récit a trompé ton attente ?

— Oui, et non.

— Que veux-tu dire ?

— Qu'il y a dans ce que tu m'as raconté un vif intérêt et de très-jolis détails, — curieux, surtout, à cause de leur vérité parfaite, — Il y a, en outre, deux études daguerréotypées sur nature, celle de Suzanne et celle de toi-même, mais il manque quelque chose...

— Quoi donc ?

— Un dénouement. — Ça ne s'achève d'aucune manière, — c'est incomplet au premier chef !...

— Ma foi, mon cher, ce n'est pas ma faute.

— Sans doute, — mais, en ce bas-monde, il faut toujours des dénouements. — Quand y en aura-t-il un ?

— Je n'en sais rien.

— Et quel sera-t-il ?

— Je l'ignore...

— Mais, enfin, tu dois imaginer quelque chose...
— Ou tu rompras complètement avec Suzanne, — ou tu deviendras son amant, — ou tu la tueras dans

une crise de jalousie, — ou tu te tueras toi-même dans un accès de désespoir... — Que diable!... en voilà des dénouements!... — Il me semble que là-dedans, on peut choisir...

— Allons, allons, — répliqua Paul en souriant malgré lui, — voilà ton imagination de romancier qui travaille!... — Eh bien, mon cher, si jamais tu fais un livre avec ce que je viens de te raconter, tu arrangeras la fin comme tu l'entendras... à moins que d'ici là un dénouement réel, comme tu dis, ne soit survenu... ce qui est possible...

— Et tu me tiendras au courant?

— Je te le promets.

— J'y compte. — Et maintenant, — mon pauvre Paul, — bonsoir et au revoir...

— Tu pars?

— Oui.

— Quelle heure est-il?

— Une heure et demie du matin. — A propos, ne pourrais-tu pas me présenter chez Suzanne?...

Est-ce que tu veux aussi te mettre sur les rangs, toi? — demanda Paul avec amertume.

— Oh! non; mais tu m'as dit qu'elle recevait plusieurs journalistes, et je serais enchanté d'avoir l'occasion de me lier avec eux car ils pourraient m'être bien utiles, s'ils le voulaient...

— Eh bien, soit, — je te présenterai.
— Quand?
— Demain.
— A quelle heure?
— A trois heures. — Viens me prendre ici.
— Je serai exact.

Ernest alluma son cigare, serra la main de Paul, et, au bout de quatre minutes, il se trouvait sur le trottoir de la rue du Faubourg-Montmartre.

XVIII

UN PLAN DE ROMAN.

Rien au monde ne rend égoïste comme une passion exclusive.

Le joueur, pour se procurer un dernier enjeu, laisserait mourir de faim ses enfants, et, au besoin, vendrait sa femme.

L'avare, au profit de son avarice, fait subir sans remords les plus dures privations, non-seulement à lui-même, mais à tout ce qui l'entoure.

Le libertin incendierait le monde pour assouvir sa passion brutale.

Ernest n'avait aucun de ces vices odieux, mais il était possédé de la monomanie du roman.

Aussi, dans la douloureuse histoire que venait de lui raconter Paul, il n'avait vu qu'un roman à faire.

Seulement, une chose l'inquiétait outre mesure ; — c'était le dénouement à trouver.

En outre, le récit de son ami, tel qu'il l'avait écouté, lui semblait un peu trop simple pour mériter d'être littéralement reproduit par une plume telle que la sienne.

Il désirait attacher son nom à une œuvre un peu plus *corsée*; — c'est le mot technique.

Mais ceci ne l'embarrassait pas beaucoup.

Le canevas était donné, il ne s'agissait que de broder sur ce canevas, et Ernest ne doutait point qu'il parvînt à trouver, sans peine, des choses neuves, hardies, piquantes et d'un intérêt prodigieux.

Rentré chez lui, — au lieu de se coucher, — il passa une bonne partie de la nuit à se torturer l'imagination pour enfanter les complications qu'il voulait introduire dans le récit en question.

— Évidemment, — se dit-il, — le personnage de Suzanne est original. — Mais quelle est cette femme ? — d'où sort-elle ? — qu'y a-t-il dans son passé ? — voilà ce qu'il importe d'inventer ; — voilà d'incontestables éléments de curiosité... — Telle est la mine qu'il faut exploiter...

Soudain Ernest crut avoir une inspiration merveilleuse.

Il prit une plume et du papier, et il accoucha du *scenario* suivant, que nous reproduisons textuellement.

Nos lecteurs jugeront sans peine jusqu'à quel point les imaginations du jeune romancier étaient neuves et lui appartenaient en propre :

PROLOGUE.

« Dans un château de Picardie, de Bretagne ou de Bourgogne (le pays ne fait rien à la chose), vit un jeune homme, riche, gentilhomme, et s'appelant le *marquis de Balestac*.

« Ce gentilhomme est sur le point d'épouser la fille d'un de ses voisins de campagne, mademoiselle *Laure de Saverny*. — C'est un mariage de convenance plutôt qu'un mariage d'amour.

« Je peindrai la vie de château d'un jeune millionnaire, recevant nombreuse compagnie, — grand chasseur, grand viveur, etc...

« Le marquis de Balestac, pour occuper les loisirs de son célibat, a séduit *Paquerette*, la fille d'un de ses gardes-chasse.

« Paquerette l'aime éperduement. — Cette liaison n'est pour lui qu'un pur caprice de désœuvrement et de libertinage.

« Cependant, Paquerette est devenue grosse.

« Elle annonce cette nouvelle au marquis, au moment où celui-ci, dont le mariage est décidé depuis la veille, vient lui dire qu'il lui assure une rente viagère de deux mille francs, et que désormais ils doivent être étrangers complètement l'un pour l'autre.

« Colère du marquis qui est un homme sans cœur.

Paquerette, se voyant abandonnée, veut mourir et déchire le contrat de rente.

« Le marquis lui déclare qu'il ne veut plus entendre parler ni d'elle ni de son enfant.

« Il quitte brusquement Paquerette qui tombe évanouie.

« Quand la jeune fille revient à elle, elle court au château.

« Le marquis vient de partir pour aller retrouver sa fiancée à sa terre de Saverny.

« Paquerette veut l'y suivre, — mais les douleurs de l'enfantement s'emparent d'elle et la terrassent.

« Elle ne peut que se traîner jusqu'à sa chaumière où elle met au monde une fille.

« Pendant huit jours, elle est entre la vie et la

mort, — enfin, elle peut se lever, — elle prend son enfant dans ses bras, et elle va, à pied, au château de Saverny.

« Au moment où elle y arrive, on donne aux deux époux la bénédiction nuptiale dans la chapelle du village.

« Paquerette se précipite.

« — C'est votre fille!... — crie-t-elle en présentant l'enfant au marquis.

« Et elle tombe morte.

« Grande rumeur, — tableau dramatique, — la nouvelle marquise de Balestac se trouve mal.

« — Cette femme était folle et je ne la connais pas, — répond le marquis, — cependant je n'abandonnerai point l'enfant qui vient de perdre sa mère et j'aurai soin de son avenir.

« On admire la générosité du jeune homme. — La noce continue au milieu des transports les plus joyeux et le prologue finit.

―――

« Vingt-deux ans se sont écoulés.

« Le marquis de Balestac, par respect pour l'opinion public, a en effet tenu la promesse faite par lui dans le moment solennel de la mort de Paquerette.

« La petite fille a été envoyée en nourrice dans

un village éloigné ; puis, sans qu'elle connaisse le lieu de sa naissance, sans qu'elle sache si elle est réellement orpheline, elle est confiée à une couturière de Paris qui, moyennant une somme annuelle, se charge de son apprentissage.

« Plusieurs tableaux de la vie des classes ouvrières à Paris. — Considérations morales sur l'éducation donnée aux jeunes filles dans le peuple. — Émettre des idées neuves. — Tracer des aperçus ingénieux.

« La petite fille devient jolie.

« Elle commence à s'en apercevoir.

« Peindre ici le développement inné de la coquetterie dans une personne de treize ou quatorze ans.

« L'enfant se fait jeune fille.

« Ce n'est plus elle seulement qui remarque sa beauté. — Les autres s'en aperçoivent et le lui disent, — et elle en est bien aise.

« Indiquer comment les causeries de l'atelier déposent un premier germe de corruption dans le cœur de la jeune fille que je nommerai Albertine.

« Albertine est fort adroite et très-intelligente, — elle ne tarde pas à devenir la première ouvrière de la maison dans laquelle elle a été élevée.

« C'est elle qui va acheter les étoffes et essayer les robes.

« La clientèle de la maîtresse d'Albertine est composée, en grande partie, de femmes galantes qui répètent toutes à la jeune fille qu'il y a un million dans ses yeux.

« Elle les écoute avec un certain plaisir.

« Petit à petit, elle se dit qu'il serait plus agréable de porter ces belles robes que de les faire.

« Elle songe avec amertume que beaucoup de femmes, moins jeunes et moins belles qu'elle ne l'est, mènent une vie de plaisir et de luxe, tandis qu'elle travaille pour gagner un misérable salaire.

« Elle trouve cela fort injuste.

« Placer ici des considérations très-sérieuses sur l'immoralité profonde d'une société qui accorde tout au vice, et rien au travail.

« Ne pas reculer, à ce sujet, devant une nuance de socialisme, afin que mon livre devienne populaire dans les classes travailleuses.

« Un jour, Albertine est rencontrée par un jeune homme qui paraît riche et qui lui fait la cour.

« Ce jeune homme est élégant, joli garçon, il plaît à Albertine.

« Décrire les incidents de cette intrigue.

« Le jeune homme ne tarde point à devenir l'amant de l'ouvrière, qu'il enlève de la maison où elle ne revient plus.

« Le marquis de Balestac, instruit de ce fait, en est enchanté. — Ceci le dispense, à l'avenir, de s'occuper de la jeune fille dont il n'entendra plus parler.

« Cependant le séducteur d'Albertine n'est rien moins que riche.

« C'est un intrigant d'assez bas étage, recourant, pour subvenir à une apparence de luxe, à toutes sortes de moyens honteux.

« Il ne tarde pas à abandonner sa maîtresse qui se trouve sans aucune ressource.

« Tracer ici une effrayante peinture de la situation d'une jeune fille qui ne peut demander son pain qu'à la débauche.

« Nombreuses aventures d'Albertine.

« Elle entre comme figurante dans un petit théâtre.

« Elle y est remarquée pour sa beauté, et elle ne tarde guère à trouver un protecteur un peu plus sérieux que le premier.

« Raconter d'une façon brillante et rapide les débuts d'une pécheresse. — La montrer, gravissant un à un tous les échelons qui la conduisent aux sommets dorés de la bohême galante.

« Elle quitte son nom pour prendre le pseudonyme caractéristique et pittoresque de *Caprice*.

« Caprice devient à la mode.

« Elle tient le premier rang parmi ses pareilles, — elle éblouit Paris par son luxe.

« Elle a des chevaux, — des voitures, — elle donne des fêtes, etc...

« Tableau de l'existence d'une courtisane dont on paye en billets de banque les moindres sourires.

« Ici finira la première partie...

DEUXIÈME PARTIE.

« Neuf mois après son mariage, le marquis de Balestac est devenu père.

« Sa femme est accouchée d'un fils qui se nomme Arthur.

« Raconter l'éducation de ce fils, entouré de soins et d'amour tandis qu'Albertine, — sa sœur, — était abandonnée et devait travailler pour vivre.

« Faire vigoureusement ressortir l'opposition de ces deux existences.

« Arthur grandit.

« Ses passions sont vives.

« Raconter ses amourettes de jeune homme.

« Quand il a atteint l'âge de vingt et un ans, et que ses études sont achevées, le marquis l'envoie à Paris pour y faire son droit,

« Ici se placera tout entière l'histoire de Paul Lascours et de Suzanne, — je ne modifierai même pas les détails. — Seulement je donnerai un but à l'étrange conduite de *Caprice* envers Arthur.

« Ce motif, le voici :

« *Caprice* sait qu'*Arthur* porte un beau nom et sera possesseur d'une immense fortune...

« Elle veut se faire épouser par lui.

« Ceci doit être présenté avec un art infini.

« Caprice arrive à son but.

« Arthur déclare à son père qu'il n'aura jamais d'autre femme que la pécheresse.

« Indignation du marquis qui répond par un refus formel. — Rupture complète entre le père et le fils.

« Arthur fait prévenir le marquis qu'il va employer les sommations légales pour forcer son consentement.

« Le marquis qui ne peut se résigner à voir son fils déshonorer le nom qu'il porte, par son mariage avec une courtisane infâme, vient à Paris pour tenter un dernier effort.

« Grande scène très-dramatique et d'un puissant effet entre lui et Arthur, qui persiste dans sa résolution et fait faire une sommation à son père.

« Ce dernier lit sur le papier timbré le nom d'*Albertine*, la date de la naissance, ce qui, joint à diverses autres circonstances que j'inventerai, lui prouve jusqu'à l'évidence que la pécheresse est la fille de *Paquerette*, — par conséquent la sienne!

« Le marquis, triomphant, dit à Arthur :

« — Cette femme que vous voulez épousez est votre sœur!

« Le jeune homme refuse d'ajouter foi à cette nouvelle étrange, mais le marquis lui démontre la vérité de son assertion.

« — Quoi! — s'écrie alors Arthur, — cette femme est ma sœur... votre fille... et vous l'avez abandonnée!... et vous l'avez laissée devenir ce qu'elle est devenue!... honte sur vous!... etc... etc...

« Bref, ne pouvant venir à bout de se guérir d'un amour incestueux et qu'il n'a plus l'espoir de satisfaire un jour, Arthur se décide à se tuer, et se tire un coup de pistolet dans la tête.

« Le marquis meurt de chagrin, en laissant toute sa fortune à *Caprice* qui reçoit, en un seul jour, deux cent trente-sept demandes en mariage.

« FIN. »

Après avoir achevé ce scénario, Ernest le relut,

non sans un indicible orgueil, puis il se coucha et s'endormit, avec la conviction parfaitement arrêtée qu'il venait de poser les bases d'un chef-d'œuvre.

Il s'endormit, disons-nous, et un songe heureux lui fit voir son livre achevé, et tous les éditeurs de Paris venant en députation auprès de lui, et lui offrant, pour payer son manuscrit, plus de napoléons d'or et d'écus d'argent que la banque de France n'en conserve dans ses caves, en lingots et monnayés.

Et, lui, les accueillant avec la majesté sacro-sainte du génie à qui l'on rend hommage, leur répondait d'un air superbe :

— Nous verrons!...

XIX

UNE HÉROINE DE ROMAN.

Le lendemain, à deux heures et demie très-précises, Ernest, élégant comme une gravure du journal des Modes, arrivait au logis aérien de Paul Lascours, faubourg Montmartre.

— Tu vois, mon cher, — lui dit-il, — que je suis exact. — Dans quelle disposition d'esprit es-tu ce tantôt?

— Ma foi, mon bon ami, — répliqua Paul, — je suis dans une disposition d'esprit à me trouver parfaitement grotesque et à me moquer de moi-même, de toute mon âme!... très-gai, par conséquent, mais c'est un peu la gaîté des fossoyeurs d'Hamlet!... Je joue aux boules avec les débris de ma raison et de mon cœur!...

— Triste!... triste!... triste!... — comme dit le vieux Shakespeare!.... — murmura Ernest sentencieusement.

— Je suis prêt, — reprit Paul, — et, quand tu voudras, nous partirons...

— Me voici à tes ordres... — mais d'abord, une prière...

— Laquelle?

— En me présentant à Suzanne, ne manque pas de lui dire que je fais des romans...

— Tu y tiens?

— Beaucoup. — Dame! tu comprends, — il faut qu'elle le sache, afin qu'elle puisse me recommander à ses amis, les journalistes...

— Soit, — je le ferai.

— Je lui dédierai quelque chose... — Ça la flattera. — Il est inutile, bien entendu, d'ajouter que, jusqu'à présent, je suis un homme de lettres inédit...

— Je n'en dirai pas un mot, — répondit Paul en souriant.

— Merci d'avance.

Les deux jeunes gens sortirent.

Suzanne était seule au moment où ils se présentèrent chez elle.

— J'ai le plaisir, — lui dit Paul, — de vous présenter Ernest de la Chevalière, — charmant garçon, comme vous voyez, — un de mes bons amis, et, en même temps, l'un de nos jeunes romanciers les plus distingués... — Je vous demande, pour lui, toute votre bienveillance...

— Comptez-y, monsieur, — répondit Suzanne en s'adressant à Ernest avec un délicieux sourire. — Je remercie Paul du plaisir qu'il me procure en vous amenant chez moi... — J'espère que, maintenant que vous en savez le chemin, vous y viendrez souvent... — Je l'espère et j'y compte...

— Ah! madame, — balbutia Ernest avec une timidité et un embarras qui prouvaient l'impression produite sur lui par la pécheresse, — je serai trop heureux... que vous me permettiez de vous importuner quelquefois...

— J'ai bien peu le temps de lire, — reprit Suzanne, — et je dois vous avouer, à ma honte, qu'aucun livre de vous ne m'est encore tombé sous les yeux... — Vous devez me trouver bien arriérée, monsieur...

— Je n'ai publié, jusqu'à présent, que fort peu de chose... — répliqua Ernest avec un embarras croissant, — mais j'ai sur le chantier plusieurs ouvrages de quelque importance, qui ne tarderont pas beaucoup à voir le jour...

— Des romans?

— Oui, madame.

— De notre époque?

— Des scènes de la vie parisienne contemporaine.

— Est-ce dans le genre des *Viveurs de Paris*?

Ernest fit une moue extrêmement prononcée, et répondit :

— A peu près dans ce genre-là. — Oui, madame. — Mais j'espère, cependant, qu'on pourra remarquer quelque différence, tant dans la composition que dans le style...

— Connaissez-vous le livre dont je viens de citer le titre?...

— Oui, madame.

— Et, qu'en pensez-vous ?

— Je suis fort embarrassé pour vous répondre... — Je n'aime pas beaucoup exprimer mon opinion sur mes confrères...

— Pourquoi donc ?

— Parce que je crains toujours qu'on ne puisse m'accuser de céder à un sentiment de dénigrement ou d'envie...

— Ce qui veut dire, si je ne me trompe, que le roman en question ne vous plaît pas ?...

— Hélas ! non, madame.

— Vous le trouvez mauvais ?

— Mauvais ? — Pas précisément. — Un peu au-dessous du médiocre, voilà tout...

— Eh ! c'est bien assez !... — dit Suzanne en riant.

— Est-ce que ce n'est point là votre manière de voir, madame ?...

— C'est peut-être parce que je suis peu connaisseuse, mais j'avoue que ce roman m'a beaucoup amusée...

— Vraiment !

— Mon Dieu, oui.

— Eh bien, vous m'étonnez ! — Des types faux !

— des caractères impossibles ! — Nulle profondeur, — pas d'observation, — de l'agitation au lieu de mouvement, — un jargon prétentieux au lieu de style, — enfin de la crême fouettée, et voilà tout !...
— Tout au plus pourrais-je accorder une certaine vivacité et quelque naturel dans le dialogue, — mais c'est là un mérite vulgaire...

— Ah ! si l'auteur vous entendait ! — reprit Suzanne en riant toujours.

— Je dirais ma pensée devant lui comme devant vous, — répliqua Ernest avec un écart de poitrine.

— Je n'en doute pas, et je suis persuadée que j'ai eu tort de prendre du plaisir à lire une œuvre aussi pitoyable !... — Mais, que voulez-vous, ce'a intéresse malgré soi quand on retrouve dans un roman des personnes de sa connaissance, et mon amie Camélia est si ressemblante !... — Il y a aussi Blondine, Sydonie, Esther et quelques autres... — Ce sont de véritables *tableaux vivants* !... — Ont-elles de la chance, ces dames, d'être ainsi imprimées toutes vives !... — Quelles réclames !...

— Aimeriez-vous donc voir votre délicieux portrait dans un livre ?... — demanda Ernest avec empressement.

— Si j'aimerais cela ?... Ah ! je le crois bien !...

— Quoi de plus facile, madame?

— Mais, pas déjà tant! — Je ne connais point l'auteur des *Viveurs de Paris* et il a le monopole de ces silhouettes si ressemblantes...

— Il n'y a pas que lui, madame...

— Qui donc encore?

— Dites un mot, madame, et...

— Et, quoi?...

— Et je vous consacre exclusivement les six cent quarante pages de deux volumes in-octavo.

— Vraiment, vous feriez cela?

— Avec bonheur!

— Et quand?

— Tout de suite.

— Et le livre paraîtrait?

— Avant trois mois.

— Sous quel titre?

— Sous celui que vous choisirez vous-même.

— Mais vous n'avez pas de sujet...

— C'est ce qui vous trompe.

— Vous en avez un?...

— Oui, madame...

— Où je suis en scène?

— Oui, madame.

— Qui vous l'a donné?

— Mon ami Paul, que voici.

— Et j'y joue un rôle...

— Charmant!

— Est-ce vrai, Paul?...

Le jeune homme, ainsi interpellé, se mordit les lèvres et répondit, non sans amertume :

— Oh! oui, charmant!... — Vous savez pardieu bien, ma chère Suzanne, qu'il ne pouvait pas en être autrement.

— Dans ce cas, — reprit la pécheresse en s'adressant à Ernest, — si vous faites réellement ce que vous dites, je vous en saurai un gré infini et vous me serez d'autant plus agréable que Camélia passe sa vie à ramener la conversation sur ce roman où on parle d'elle, et qu'elle ne pourra plus en parler autant quand j'aurai été, moi aussi, l'héroïne d'un livre imprimé.

— Eh! bien, madame, tenez, je vous prie, la chose pour certaine... le livre sera commencé ce soir. — Comment voulez-vous que je l'appelle?...

— Oh! comme vous voudrez, — moi je n'ai pas d'imagination. — Proposez-moi quelque titre?...

— J'y vais songer, madame, — et, quand j'aurai trouvé le titre qu'il vous faut, j'aurai l'honneur de vous revoir pour vous le soumettre...

XX

FLORINE.

Ceux de nos lecteurs qui ont bien voulu s'intéresser aux personnages de notre petit monde, — ceux qui tiennent à savoir quel fut le dénouement de l'étrange amour de Léonard Chantal, et ce qu'était devenue Suzanne, disparue d'une façon si bizarre et si mystérieuse après la soirée de Camélia ; — ceux, enfin, qui souhaitent retrouver Jules de Larnac et Florine, — le général Laforge et Pirouette, — Célestin Barrois et le vicomte de Médoc, — n'auront qu'à lire cette seconde série des *Valets de Cœur.*

Dans un livre comme celui-ci, où de si nombreuses marionnettes dansent un chassé-croisé bizarre au bout des fils que tient la main du conteur, ce n'est pas une petite difficulté que de mener à point de multiples épisodes, et de promener le lecteur, sans trop de fatigue pour lui, à travers les tableaux mouvants d'une véritable lanterne magique.

On risque fort, en abandonnant alternativement la moitié de ses personnages pour courir après l'autre moitié d'amoindrir l'intérêt, et même de le faire entièrement disparaître.

Nous allons donc régler en toute hâte notre compte avec les comparses des *Valets de Cœur*, pour revenir à la véritable héroïne de cette seconde partie, Suzanne, et aux satellites qui gravitent autour de cette planète.

C'est là, nous le croyons, qu'est maintenant le véritable intérêt, — si toutefois cet intérêt existe, — ce que nous n'oserions point affirmer.

§

On se souvient de ce qui s'était passé, à la soirée de Camélia, dans le boudoir des tapisseries.

On se souvient que Jules de Larnac, au moment de briser une vitre pour entrer clandestinement dans cette pièce, et pour joindre aux jeux du lansquenet un paquet de cartes préparées, avait vu Suzanne accomplissant ce qu'il se proposait de faire lui-même.

On n'a pas oublié comment, fort du secret surpris, il avait forcé la pécheresse à accepter une association et à lui abandonner en grande partie les fruits du vol si adroitement combiné.

Jules avait donc gagné quatre-vingt mille neuf cent vingt francs au Brésilien Roderic Alonzo.

Florine, la vieille courtisane, désespérée d'avoir, ainsi qu'elle disait dans son argot, *raté sa fortune*, était venue jouer à son ex-amant une comédie infâme.

Les tirades vides et sonores, la phraséologie mélodramatique de l'odieuse coquine, n'avaient point manqué leur effet.

Le Valet de Cœur était de nouveau dompté.

Tous les anneaux de la chaîne rompue se trouvaient reforgés, et plus solides que jamais!...

Alors commença pour la vieille maîtresse et pour le jeune amant une existence toute nouvelle.

Florine semblait métamorphosée.

Ce n'était plus cette femme insultante et sans âme, ce bourreau femelle, foulant aux pieds sans relâche et sans trêve, le faible cœur que Jules mettait à ses pieds.

C'était la plus tendre, la plus soumise, la plus passionnée des amantes.

De Jules elle avait fait une idole.

Elle se prosternait aux genoux de ce dieu, et elle l'adorait, et elle lui chantait un hymne non interrompu de strophes amoureuses, entremêlé des plus savoureuses flatteries.

C'étaient des cris d'amour, — des élans de passion, — des raffinements de plaisirs inconnus.

Florine prenait cette âme dont elle avait successivement étouffé toutes les qualités nobles, tous les instincts généreux, et elle l'enfonçait de plus en plus dans le bourbier des voluptés sales.

Et Jules, dont la conscience était morte depuis longtemps ; — Jules dont l'honneur avait succombé ; — Jules dont le cœur ne battait plus que pour de honteux penchants ; — Jules se demandait si cette vie nouvelle était un rêve enchanté !...

Le malheureux se croyait heureux !...

Cependant Florine, — avons-nous besoin de le dire ?— regardait comme sa fortune personnelle les sommes assez importantes dont Jules était possesseur.

Chaque pièce de vingt francs qui n'entrait point dans sa bourse lui semblait un vol dont son amant se rendait coupable à son préjudice.

Cet argent n'était-il point à elle ? — il le lui fallait jusqu'au dernier centime.

Mais elle n'osait le réclamer trop brusquement, de peur d'effaroucher Jules, et de voir l'esclave briser sa chaîne.

Ceci n'était point à craindre, mais Florine éclairée par sa longue expérience, savait que la prudence est la mère de la sûreté.

Aussi agissait-elle avec Jules comme un chirurgien habile agit avec son malade.

Elle lui faisait respirer d'abord le chloroforme de ses tendresses les plus décevantes, puis, quand elle le voyait suffisamment engourdi, elle procédait à l'opération, — nous voulons dire à l'extraction d'un ou deux billets de mille francs.

Ceci se renouvelait souvent.

Un moment arriva où il ne resta plus que quelques deux cent louis, et où Florine se trouva presque riche.

Mais cette fortune ne suffisait point à la vieille courtisane, devenue insatiable.

— Je ne te comprends pas, — dit-elle un jour à son amant, — et tu es un homme bien étrange...

— En quoi donc? — demanda Jules.

— Tu n'as joué qu'une seule fois dans ta vie, et tu as gagné des sommes énormes... — évidemment tu as une chance incroyable!... pourquoi ne joues-tu plus?... — tu vois qu'il ne nous reste presque rien... tu pourrais gagner encore...

En disant qu'il ne restait *presque rien*, Florine ne parlait point, bien entendu, de tout l'argent qu'elle avait amassé.

Jules secoua la tête en souriant, et répondit:

— Je ne gagnerais pas.

— Qu'en sais-tu?

— J'en suis sûr.

— Mais, encore une fois, pourquoi?

— Parce que j'ai au jeu la chance la plus déplorable qu'il soit possible d'imaginer...

— Toi?

— Moi-même.

— Tu plaisantes?...

— Pas le moins du monde.

— Alors, tu es fou! nier ton bonheur au jeu, c'est nier l'évidence!...

Jules secoua de nouveau la tête.

— Voyons, — reprit Florine, — explique-toi!... et les quatre-vingt mille francs, ce n'était donc point du bonheur, cela?...

— Florine, tu ne sais pas tout...

— Qu'est-ce que je ne sais pas?

— Tu ignores jusqu'à quel point je t'aimais!... jusqu'où je suis allé pour toi!...

— Comment?...

— Une parole que tu m'avais dite, au moment où je sortais de chez toi après une scène que je ne veux pas rappeler, avait germé dans ma tête et porté ses fruits...

— Eh bien?

— Eh bien, pour te ravoir, j'ai risqué la cour

d'assises!... — Ces quatre-vingt mille francs dont tu parles, ce n'est pas de l'argent gagné, — c'est de l'argent volé!...

— Volé!...

— Oui.

— Mais... c'est impossible!... — Comment aurais-tu fait?... — Un *Grec* de profession ne viendrait point à bout de tricher au lansquenet chez Camélia, tout le monde le sait, et c'est pour cela qu'on y joue si gros jeu...

— Écoute...

Et Jules raconta à Florine tout ce qu'elle ne savait point des incidents de la nuit en question.

Le visage de la courtisane, en entendant ce récit, s'éclairait des rayonnements d'une joie infernale.

— Mais, alors, — s'écria-t-elle avec transport, quand Jules eut achevé, — mais, alors, nous sommes riches!...

— Riches? — répéta Jules sans comprendre.

— Oui, riches! — millionnaires!... — nous avons cent mille livres de rentes!... — aujourd'hui je donne congé de ce misérable appartement... — demain nous demeurerons au premier étage dans quelque bel hôtel de la rue Taitbout ou de la rue de la Victoire... J'aurai une voiture, des chevaux, et je donnerai des bals...

Jules se demandait si Florine était devenue folle.

La vieille courtisane s'aperçut de la stupeur de son amant et se mit à rire.

— Imbécile ! — s'écria-t-elle, — ne devines-tu pas que Camélia et Suzanne s'entendent pour exploiter les pigeons sans défiance qui viennent se faire plumer aux soirées de la rue de Provence !...
— C'est de cette façon que cette insolente Camélia soutient son luxe éblouissant !... — Mais je l'éclabousserai à mon tour !... — ce qu'elle fait chez elle, nous le ferons chez moi !... — Nous puiserons à la même source !... — encore une fois, nous sommes riches !...

Jules ne pouvait plus ne pas comprendre, et il ne s'épouvantait nullement de la sinistre lueur qui brillait à ses yeux.

Il se contenta de dire :

— Mais, pour t'installer comme tu l'entends, il faut de l'argent... beaucoup d'argent...

— J'en aurai, — répondit Florine.

— Où le prendras-tu ?

— C'est mon affaire.

XXI

DÉFIANCE.

L'argent en question, Florine savait en effet parfaitement où le prendre.

Elle n'avait, pour cela, qu'à ouvrir son armoire à glace, et, derrière une pile de chemises, elle trouverait une fort notable collection de billets de banque.

Aussi, dès le lendemain, réalisa-t-elle la première partie de ses beaux projets.

Elle loua, rue de la Victoire, n° 7, tout l'appartement du premier étage.

Il n'y avait pas d'écurie dans la maison, — elle en retint une, presqu'en face.

Elle s'arrangea avec un tapissier, qui reprit son mobilier de la rue Geoffroy-Marie et meubla luxueusement le nouveau logis, moyennant une somme de huit mille francs payée comptant, et des engagements mensuels pris pour le reste du montant de la facture.

Cela était encore bien loin des somptuosités de

Camélia, mais Florine n'ignorait pas le proverbe italien : *Che va piano, va sano.*

Elle se procura, rue de Miromesnil, à l'établissement des carrossiers réunis, un coupé d'occasion, d'assez bonne apparence, et dont elle fit illustrer les panneaux de la lettre F, enguirlandée de roses.

Ensuite, comme elle tenait par-dessus toutes choses à allier le luxe à l'économie, elle envoya Jules, 49 rue de Ponthieu.

C'est là que M. Chéri fait vendre aux enchères, par le ministère de maître Ridel (l'un des plus connus parmi les commissaires-priseurs de la grande ville), tous les chevaux tarés et toutes les rosses hors d'âge de Paris.

Ajoutons, pour être juste, que, parmi ces éclopés, se trouvent quelquefois, par hasard, des chevaux excellents, égarés en mauvaise compagnie, et dont un amateur peut faire avantageusement son profit.

Ajoutons encore que M. Chéri est un homme d'une urbanité parfaite et d'une loyauté inattaquable et inattaquée.

Et, que ceci ne soit point pris pour une réclame.

Nous ne connaissons M. Chéri que pour l'avoir chargé de la vente de deux charmants harnais, en cuir blanc à filets noirs, avec lesquels nous attelions deux poneys, gris pommelé et bai brun, les plus jolis du monde, que nous avions ramenés de Normandie l'an passé.

M. Chéri nous a, de plus, octroyé fort gracieusement la recette d'un onguent merveilleux qui devait guérir une nerferrure de notre cheval *Mathéo*, et qui n'a rien guéri du tout.

Il ne sait pas que nous parlons ici de lui, et, sans doute, il ne le saura jamais.

Bref, à une vente de M. Chéri, Jules acheta moyennant une somme ronde de mille francs (plus dix pour cent appliquables aux frais, — plus dix francs qu'il est d'usage d'offrir à Jean, le fabuleux crieur de M. Ridel) — Jules acheta, disons-nous, une paire de grands carrossiers, alezan brûlé, fort efflanqués, mais qu'un peu de repos et beaucoup d'avoine devaient indubitablement refaire.

A la même vente il fit, pour deux cents francs, l'acquisition d'un harnais, plaqué en cuivre, presque neuf.

Florine fut enchantée de ces emplettes, et, comme dit un certain M. Cassard, *homme de loi*, curieux personnage dont nous montrerons quelque jour à nos lecteurs la petite jaquette en flanelle, historiée d'agréments de couleurs vives et le splendide bonnet grec, elle *roula carrosse.*

Saviez-vous qu'en l'an de grâce dix-huit cent cinquante-quatre, on disait : *rouler carrosse*.

Non, n'est-ce pas? — Eh bien! ni moi non plus.

Il paraît, cependant, que cette ingénieuse façon de s'exprimer est restée dans le langage des hommes de loi en général, et de M. Cassard en particulier. — Un avocat bien habile (8. rue de Ménars) et que je vous recommande, cher lecteur, si vous avez des procès.

Je vous raconterai prochainement des particularités *originales* qui vous empêcheront d'hésiter.

Une fois installée dans son nouvel appartement et *roulant carrosse*, Florine fit de nombreuses visites et lança, dans la bohême galante, un nombre incalculable de lettres lithographiées sur papier glacé, et par lesquelles elle annonçait qu'elle prenait un jour.

Ceci veut dire qu'elle recevait tous les samedis soirs et qu'il y avait, chez elle, musique et danse, jeu et souper.

Le tout gratuitement, bien entendu, et non point par une ignoble spéculation, comme font souvent les lorettes vieillies qui envoyent aux gens qu'elles connaissent, et à ceux qu'elles ne connaissent pas, des invitations dont le coût est de dix francs.

Un peu de curiosité aidant, la foule afflua chez Florine.

Les premiers bals furent cités pour leur gaîté et leur entrain.

Les femmes étaient jolies, — les hommes nombreux et élégants, — la musique entraînante et le souper parfait.

Ajoutez à cela que l'on jouait fort gros jeu, et que la salle de lansquenet était installée dans un charmant salon tendu de toile perse dont les plis innombrables se drapaient le long des murailles d'une façon tout à fait originale.

Combien n'eût-il pas été facile de cacher artistement dans ces plis, l'ouverture d'une porte dérobée ?

Mais n'anticipons point sur les événements.

Jules de Larnac jouait comme tout le monde, et toujours avec un singulier malheur qui ne se démentait pas un instant.

Les choses se passaient, d'ailleurs, exactement comme chez Camélia, et la partie était interrompue par le souper pour reprendre aussitôt après.

Avons-nous besoin de dire que la mauvaise chance de Jules ne devait pas durer toujours ?

A partir du troisième bal, cette chance tourna.

Jules gagna, en une seule main, plus qu'il n'avait perdu dans les deux soirées précédentes.

Il n'y avait rien au monde de plus naturel, et personne n'y fit attention.

Seulement cette heureuse veine persista, et se maintint, si bien et si longtemps, qu'un beau soir la conversation suivante eut lieu dans le boudoir de Florine attenant au salon où l'on dansait, entre le général Laforge, — Célestin Barrois, — Georges de Giverny et Philippe de Gessy, lequel marchait avec une jambe de bois, depuis que le Brésilien Roderic Alonzo avait envoyé une balle à l'adresse de son genou gauche.

Ces quatre personnages avaient fermé soigneusement la porte qui communiquait avec le salon, et ils se regardaient les uns les autres, sans mot dire, mais avec un air passablement mystérieux.

Ce fut Georges de Giverny qui rompit le silence, ou plutôt, pour nous servir d'une expression empruntée à notre La Fontaine, qui *attacha le grelot*.

— Pardieu ! messieurs, — fit-il, — nous avons en ce moment la même pensée, et, si vous en êtes curieux, je vais vous dire cette pensée...

— Oui... oui... — répondirent les trois interlocuteurs de M. de Giverny.

— Eh bien ! c'est qu'on nous vole ici...

Le silence qui accueillit ces paroles prouva que Georges avait touché juste.

— Oui, on nous vole, — reprit-il, — et avec tant d'impudence, que nous payons un peu trop cher les soupers qu'on nous donne céans !...

— Ainsi, — demanda le général Laforge, — vous soupçonnez ?...

— Je ne soupçonne pas, — interrompit M. de Giverny, — je ne soupçonne pas, général, je suis sûr...

— Et, c'est Florine ?

— Qui nous fait dépouiller par son amant, — un drôle honteux, — Jules de Larnac...

— C'est aussi ma conviction, — reprit le général, — seulement, comme les choses ont l'air de se passer d'une façon loyale, je ne puis comprendre par quel procédé on parvient à nous voler.

— Je ne le sais pas plus que vous, général, mais je le découvrirai...

— Quand ?

— Peut-être cette nuit, mais, à coup sûr, d'aujourd'hui en huit...

— Et vous aurez la preuve de la filouterie ?...

— Oui, général, n'en doutez pas... — Maintenant je crois que nous ferons bien de retourner au jeu, de continuer à perdre s'il le faut, et d'observer de notre mieux, chacun de notre côté.

Ceci fut convenu et nos quatre personnages rentrèrent au salon.

Ils trouvèrent tout le monde en grand émoi.

Les danses étaient interrompues, — on ne jouait plus, — tout le monde parlait à la fois et très-vivement.

La cause de cette rumeur était simple.

On venait d'annoncer à Florine qu'elle avait été dénoncée à la police comme tenant un tripot clandestin, et que, vraisemblablement, on allait faire chez elle une visite domiciliaire cette même nuit.

Une semblable mesure soulevait l'indignation générale, car, enfin, il était au su et au vu de tout le monde que Florine ne tirait aucun bénéfice du jeu qu'on jouait chez elle, — qu'elle ne touchait point une carte et qu'elle ne provoquait ni même n'aurait accepté aucune de ces rétributions connues dans l'argot du mauvais monde sous le nom de *mise au flambeau, mise à la cagnotte*, etc.

Florine, plus personnellement attaquée, était encore plus exaspérée que les autres.

Elle annonça qu'à partir du samedi suivant les portes de l'appartement seraient verrouillées au moment où l'on se mettrait au jeu, et ouvertes seulement aux gens porteurs d'un mot d'ordre.

De cette façon, on déjouerait sans peine les tentatives odieuses de la police.

Quant à ce soir même, le danger étant imminent, il ne fallait point songer à poursuivre le lansquenet.

Georges de Giverny dut, par conséquent, remettre ses investigations au samedi suivant.

Ce samedi arriva.

Georges, dès le commencement de la soirée, s'installa dans le salon de jeu encore désert.

Machinalement, et pour tuer le temps, il examina les plis réguliers et gracieux de la toile perse.

Il crut apercevoir une fente imperceptible que laissait à découvert l'entre-bâillement d'un pli légèrement fatigué.

Il s'approcha et regarda mieux.

Plus de doute ! — Il y avait là une issue, parfaitement cachée, et donnant dans une autre pièce.

Ce fut pour Georges un trait de lumière.

Cette porte secrète contenait toute une révélation.

— C'est par là qu'on entre pendant le souper ! — pensa-t-il, — redoublons d'attention !...

Les invités arrivaient.

Bientôt il y eut une douzaine de personnes dans le salon de jeu y compris Georges, Philippe, le général et le gros Célestin Barrois.

— Si nous commencions à jouer, — dit une voix.

— Volontiers! — répondit une autre voix. — Au lansquenet! messieurs, au lansquenet!

XXII

JULES.

— Eh bien! Georges, — demanda à demi-voix Philippe de Gessy au baron de Giverny, — as-tu trouvé ce que tu cherchais samedi dernier?

— Oui.

— Tu sais comment on s'y prend?

— Je le sais.

— Et tu auras la preuve du vol?

— Je l'aurai.

— Et de quelle façon?

— Tu vas voir.

Georges fit un signe au général Laforge et à Célestin Barrois qui s'approchèrent.

— Messieurs, — leur dit le baron de Giverny, — vous voyez qu'on va commencer à jouer, — voici qu'on apporte les cartes. — Tenez-vous debout, je vous en prie, derrière les joueurs, et, à mesure que les cartes se succéderont, comptez-les, une par une, chacun de votre côté, jusqu'à ce que tous les jeux soient épuisés. — Pour ma part j'en ferai autant, et nous verrons ensuite si nous avons trouvé, les uns et les autres, le même nombre. — En tous cas, une erreur ne pourrait être que légère et proviendrait d'une distraction.

— Ceci est facile, — répondit le général.

— Messieurs, voici qu'on coupe, — attention...

Nos quatre personnages se séparèrent et prirent position, ainsi que Georges le leur avait recommandé, derrière les joueurs.

Lorsque l'immense paquet des cartes eut été épuisé jusqu'à la dernière, et qu'on recommença à les mêler, nos observateurs se réunirent de nouveau dans un des angles de la pièce.

— Eh bien ? — demanda Georges au général Laforge, — combien ?

— Douze cent quarante-huit, — répliqua le vieux soldat.

— Et vous, monsieur Barrois ?

— Le même nombre.

— Et toi, Philippe ?

— Moi, également.

— Comme vous, messieurs, — reprit alors le baron, — j'ai trouvé douze cent-quarante-huit cartes... — Il est donc évident que nous ne nous sommes pas trompés, et qu'il y a là vingt-quatre jeux de cinquante-deux cartes...

— Et, maintenant, — dit le général, — que faut-il faire?...

— Il faut signer, s'il vous plaît, ce petit procès-verbal que j'ai là tout prêt.

Et Georges tira de son portefeuille un carré de papier sur lequel étaient écrits ces mots :

« Nous, soussignés,

« 1° Général Laforge ;

« 2° Comte Philippe de Gessy ;

« 3° Célestin Barrois ;

« 4° Baron Georges de Giverny ;

« Déclarons que nous venons de compter les cartes des jeux de lansquenet qui se trouvent en ce moment sur la grande table du salon de jeu de Florine, et nous attestons que ces cartes sont au nombre de *douze cent-quarante-huit*.

« En foi de quoi nous avons signé le présent écrit. — Ce quatre Janvier 185*, — à dix heures et demie du soir, chez Florine. »

Les quatre hommes signèrent au crayon ce document bizarre, et M. de Giverny le remit dans son portefeuille.

— Maintenant, messieurs, — reprit Georges, — il n'y a rien à faire avant souper. — Attendons...

§

Les choses se passèrent ce soir-là comme de coutume, sans la plus légère modification.

Jules de Larnac vint s'asseoir à la table de lansquenet, et perdit fort galamment une cinquantaine de louis.

A une heure du matin, au moment où la partie s'animait outre mesure, on annonça que le souper était servi.

On marqua les places, — *la main* s'arrêta là où elle était, — tout le monde sortit du salon tendu de toile perse; — la porte fut fermée, et, ainsi que nous l'avons vu pratiquer chez Camélia, on posa la clef bien en évidence sur la table du souper.

A trois heures du matin, les joueurs, très-animés par des flots de vin de Champagne, firent irruption dans le salon de jeu, et chacun reprit sa place.

— Attention, messieurs, — dit Georges à ses trois alliés, — attention!... le moment approche!... — C'est moi qui parlerai quand il en sera temps, et vous me donnerez, s'il le faut, un coup d'épaule.

— Soyez tranquille!... — répondit le général.

Il y avait trois personnes entre Jules de Larnac et le joueur qui prenait la banque.

Ce dernier et les trois autres ne passèrent pas une seule fois.

Les cartes arrivèrent à Jules.

M. de Giverny poussa du coude le bras du général Laforge, afin de l'engager à redoubler d'attention.

Mais cette recommandation était inutile.

L'antique adorateur de la diaphane Pirouette était tout yeux et tout oreilles.

Il s'attendait à voir et à entendre les choses du monde les plus extraordinaires.

Jules de Larnac mit deux louis à la banque.

Il passa une première fois.

Puis cinq autres fois.

Il avait alors devant lui une somme de cinq mille cent-vingt francs.

Ce chiffre était imposant.

Un mouvement d'hésitation se manifestait parmi les joueurs.

Personne ne parlait.

— Eh bien, messieurs, — demanda Jules, — je vais donc être forcé de passer la main ?...

Le silence continua.

— Faites ce qu'il vous plaira, — dit Jules, — cinquante francs, si vous voulez...

En ce moment, Georges se manifesta.

— Pardon, monsieur de Larnac, — fit-il, — combien avez-vous à la banque, je vous prie ?...

— Cinq mille cent-vingt francs, monsieur le baron.

— Je tiens cette somme...

— A merveille.

— Mais, pour le banquier... — poursuivit Georges ; — contre lui, je fais quinze sous...

— Je ne comprends pas ce que vous voulez dire, monsieur le baron.

— Je veux dire que, convaincu que la banque gagnera, je double votre jeu et je me mets de moitié...

— Mais, monsieur le baron, en outre de ce que ce n'est pas l'usage, je ne vois pas trop à quoi cela vous servirait, puisque personne ne me fait *banquo*.

— Il y a plus, — continua M. de Giverny, sans s'inquiéter de ce que venait de dire l'amant de Florine, — je parie mille louis que la banque passera encore au moins quatre fois... et je crois que M. de Larnac, qui, *à coup sûr*, *doit* partager ma conviction, prendra volontiers sa part dans mon pari...

Ces paroles furent prononcées d'un ton tellement significatif, et si bien *soulignées* par l'intonation, que, malgré lui, Jules se sentit pâlir et rougir successivement.

Cependant il s'efforça de faire bonne contenance.

— Vingt mille francs !... — s'écria-t-il, — mais, monsieur le baron, ce pari est insensé !...

— Mieux que personne, monsieur, — répondit Georges avec un sourire qui, cette fois, était flétrissant comme un soufflet, — vous devez savoir le contraire !...

— *Mieux que personne ?...* — répéta Jules, devenu livide. — Que voulez-vous dire, je vous prie ?...

— Je veux dire que nous sommes dans un coupe-gorge, — qu'il y a ici un voleur, et que ce voleur c'est vous !...

Jules se leva et bondit jusqu'au baron.

— Monsieur !... — cria-t-il avec fureur.

— Monsieur ? — demanda Georges avec un sang-froid effrayant.

— Vous m'insultez !...

— Pardieu ! j'y compte bien !...

Jules leva la main pour la laisser retomber sur le visage de Georges.

Mais celui-ci prévint ce mouvement, et, saisissant au vol le poignet de Jules, il le contint dans sa main droite, comme dans un étau d'acier.

— Messieurs, — dit alors le baron en s'adressant

aux joueurs effarés, — veuillez avoir l'obligeance de vérifier combien de fois la banque devait passer encore...

— Cinq fois, — répondit quelqu'un, — après avoir tourné les cartes.

— Je pariais pour quatre, — vous voyez que j'aurais gagné... — Maintenant, faites-moi le plaisir de compter toutes les cartes qui composent ces jeux de lansquenet... — Mettez-vous deux ou trois, afin de pouvoir contrôler les uns par les autres les résultats de l'opération.

Trois ou quatre personnes se mirent à l'œuvre tout aussitôt.

Jules, dont M. de Giverny n'avait pas lâché le poignet, s'était laissé tomber sur un siége; et, quoique son visage fût livide et ses traits décomposés, il tâchait de payer d'audace.

Le dépouillement des cartes fut long.

Enfin, l'un de ceux qui s'en étaient chargés revint auprès du baron et dit:

— C'est fait.

— Combien?

— Mille deux cent quatre-vingt-neuf.

— Vous êtes certain de ne pas vous tromper?...

— Oh! monsieur le baron, parfaitement certain!

— Ces messieurs peuvent vous l'affirmer...

— Oui, oui, oui... — dirent deux ou trois voix.

— Vous entendez, messieurs, — fit alors le baron, en s'adressant au général, à Célestin et à Philippe, — vous entendez... il y a *douze cent quatre-vingt-neuf* cartes...

— Eh bien ! — hurla Jules, — qu'est-ce que cela prouve...

— Vous demandez ce que cela prouve ?

— Oui.

— Eh ! mon Dieu ! tout simplement que vous êtes un voleur... ce dont je ne doutais pas, mon cher monsieur... — Faites-moi donc le plaisir de vous tenir tranquille.

Puis, après avoir tiré de sa poche un portefeuille et l'avoir ouvert, Georges reprit:

— Permettez-moi, messieurs, de vous donner connaissance d'un document de quelque intérêt.

Et il lut à haute et intelligible voix le petit procès-verbal que nous avons reproduit plus haut.

Le doute n'était plus possible: quarante et une cartes avaient été ajoutées.

Georges poussa au milieu de la table le tas d'or et de billets de banque qui représentait les cinq mille deux cent-vingt francs formant la banque de M. de Larnac.

— Messieurs, — dit-il, — que tous ceux qui ont

perdu tout à l'heure contre ce filou, reprennent leur argent... c'est de l'argent volé !

XXIII

LE VICOMTE DE MÉDOC.

Après avoir prononcé les paroles qui terminent le chapitre précédent, Georges de Giverny lâcha le poignet de M. de Larnac qu'il avait contenu jusque-là.

Tout ce que nous venons de raconter ne s'était point passé sans beaucoup de bruit et de scandale.

On avait déserté le salon où l'on dansait pour s'entasser dans la salle de jeu, — on se pressait, — on s'étouffait.

Florine, assistant à la ruine de ses brillantes espérances, et se voyant compromise dans une ignoble affaire d'escroquerie, pleurait des larmes de rage et arrachait ses cheveux teints.

Jules essaya, une dernière fois, de faire tête à l'orage qui grondait autour de lui.

— Monsieur le baron de Giverny, — s'écria-t-il, — votre accusation est un odieux mensonge !..

Vous me rendrez raison d'une aussi infâme calomnie !

— Vous dites, monsieur ? — demanda Georges avec un dédain suprême.

— Je dis que je vous tuerai !

— Et comment cela, s'il vous plaît ?

— Nous nous battrons, monsieur, jusqu'à la mort de l'un de nous !

— Non, monsieur, vous vous trompez, nous ne nous battrons point.

— Mais, alors, vous êtes un lâche !

Georges haussa les épaules.

— Oui, un lâche ! — poursuivit Jules, — un lâche qui ne sait qu'insulter, et qui, ensuite, a peur !

— Eh ! monsieur, — répliqua le baron, — est-ce que vous croyez que je vais voler la police correctionnelle ?... — Est-ce qu'on se bat avec les gens de votre espèce !... — Allons donc !... on envoie tout bonnement chercher la garde, afin que le misérable aille rendre ses comptes au procureur du roi, et c'est ce que je vais faire...

— C'est inutile, — dit en ce moment un nouveau venu qui s'était glissé entre les groupes et arrivait au premier rang, — la garde est prévenue et j'arrête monsieur...

Le nouveau venu, vêtu de noir et ceint d'une

écharpe tricolore était tout simplement un commissaire de police, commis aux délégations judiciaires.

Son apparition inattendue fut un coup de théâtre.

La foule oscilla violemment pour s'éloigner de Jules, qui, brisé, anéanti, semblait prêt à tomber de son siége.

Trois ou quatre agents de police l'entourèrent et le commissaire procéda incontinent, vis-à-vis de toutes les personnes réunies chez Florine, à ces formalités que nous ne raconterons point, car nos lecteurs en ont vu cent fois le compte-rendu dans les colonnes du *Droit* ou dans celles de la *Gazette des Tribunaux*.

Une heure après, on emmenait au dépôt Jules de Larnac et Florine.

Le somptueux mobilier de cette dernière était saisi.

§

A coup sûr on se demande comment il avait pu se faire que le commissaire de police arrivât si justement à point nommé.

Cela doit sembler d'autant plus invraisemblable qu'on doit se souvenir des précautions prises par Florine pour que personne ne pût entrer chez elle.

une fois que les parties étaient engagées, sans prononcer préalablement un mot d'ordre convenu à l'avance entre la maîtresse de la maison et ses invités.

Quelques mots expliqueront tout.

Nos lecteurs n'ont pas oublié, sans doute, ce charmant vicomte de Médoc, — si peu ferré à l'endroit de la science héraldique, et l'heureux collaborateur de Célestin Barrois dans les tendres affections de la volage Didine.

Cet aimable viveur, — disions-nous dans la première série des *Valets de Cœur !* — avait vingt-huit ans, et pas de profession connue.

Quant à sa position sociale, il eût été fort embarrassant de la définir.

Il parlait d'une demi-douzaine de châteaux qui devaient très-prochainement lui arriver par voie d'héritage.

En attendant il vivait confortablement, — ne faisant aucune dette et n'empruntant rien à ses amis.

Il avait toujours de l'or dans ses poches.

Il jouait gros jeu, et, quand il avait perdu, il payait dans les vingt-quatre heures.

Il était extrêmement répandu dans la bohême galante et les plus jolies filles de Paris l'avaient idolâtré.

Rien de tout cela ne semblait suspect.

Et, cependant, si charmant garçon et si bon compagnon que fût le vicomte de Médoc, les gentilshommes de race pure et d'éducation aristocratique, qui se fourvoyaient dans le monde où il trônait, évitaient, par instinct, de se mettre avec lui sur le pied d'une familiarité trop grande.

Pourquoi cela?

Ils l'ignoraient.

Nous, nous le savons à merveille.

C'est tout simplement que les revenus du vicomte de Médoc étaient hypothéqués sur les fonds secrets de la rue de Jérusalem.

La spécialité de l'ami de cœur de Didine était d'être une homme extrèmement répandu dans le monde interlope qui vit à la lueur des bougies, — en d'autres termes il *surveillait* les tripots clandestins, où non-seulement il était admis sans conteste, mais encore fort recherché.

C'est lui qui avait, le premier, flairé le vol chez Florine.

C'est lui qui avait donné l'éveil à la police, — livré le mot d'ordre et introduit le commissaire et ses agents.

Jules et la vieille courtisane furent traduits en police correctionnelle.

Leur procès fit un certain bruit, à cause des noms des témoins qui furent appelés à déposer dans cette affaire.

Tous les journaux en ont donné les détails.

L'un et l'autre furent condamnés au maximum de la peine.

Jules subit son emprisonnement à Mazas.

Florine à Saint-Lazare.

En sortant de prison, cette dernière était sous le poids de dettes considérables, car elle avait pris de lourds engagements pour les sommes restant dues sur le mobilier saisi.

Il ne fallait plus songer à essayer de vivre à l'aide de son ancien métier.

Elle fut trop heureuse d'accepter un emploi sans nom, dans l'une de ces maisons qui n'ont point d'appellations honnêtes dans la langue française.

Quant à Jules, — renié par sa famille, — flétri, — déshonoré, — sans un sou, — sans espoir et sans courage, il souffrit toutes les tortures de la faim pendant deux jours, puis, entre minuit et une heure du matin, il se jeta dans la Seine du haut du pont Royal.

Son corps, — retrouvé trois jours après, — fut porté à la Morgue, où personne ne le réclama.

Ainsi finit ce malheureux garçon, né pour être

un homme distingué et un honnête homme, et qui fut perdu parce qu'il devint le Valet de Cœur d'une horrible créature.

N'est-ce point ici le cas de répéter, avec notre maître, le grand Balzac :

Voilà où mènent les mauvais chemins !...

Jeunes gens, prenez garde !...

§

Nos lecteurs ont-ils complètement oublié cette scène étrange dans laquelle nous leur montrions le gros Célestin Barrois, — cet homme de tant de ruban rouge et si peu de cœur, — laissant mourir à peu près de faim sa femme, jeune et charmante, pour aller jeter sur les jupes de soie de Didine cet or qu'il volait à son ménage.

Nous avons dit comment l'ex-sous-lieutenant de la garde nationale, décoré en 1848 pour s'être caché dans une cave, avais mis un complet désordre dans ses affaires, par suite de ses prodigalités insensées pour sa volage maîtresse.

Deux mois après la dernière soirée de Florine, sa ruine était complète, et il menait dans Paris l'existence d'un cerf aux abois, pour échapper aux gardes du commerce qui lui couraient sus, en vertu d'une demi-douzaine de jugements définitifs, parfaitement en règles et entraînant la contrainte par corps.

Célestin Barrois, quelqu'intimement persuadé qu'il fût d'être *aimé pour lui-même*, cachait cependant à Didine l'absolu délabrement de ses affaires et sa situation désespérée.

— C'est pour ne pas l'affliger, cette pauvre chatte !... — se disait-il à lui-même.

Mais Didine n'était point de ces femmes auxquelles un homme peut cacher longtemps qu'il n'a plus un sou vaillant.

Mis en demeure par une demande d'argent formulée en termes précis, Célestin se vit forcé de faire une confession générale.

Le résultat de cette confession est prévu.

Didine mit incontinent le gros homme à la porte de chez elle, en le priant de ne la plus saluer quand il la rencontrerait.

Ce fut là le dernier coup.

Le triste Valet de Cœur sortit de chez sa maîtresse, tellement anéanti, tellement stupéfié, qu'il en oublia les gardes du commerce et tout le reste du monde.

Ne sachant où il allait, il commit l'imprudence de s'aventurer aux alentours de la Bourse.

Cette imprudence lui fut fatale.

Un horrible petit bossu lui mit la main sur l'épaule et le pria de monter en fiacre avec lui et ses recors.

Pendant deux ou trois heures il le traîna, comme une masse inerte, de référés en référés; puis il finit par l'écrouer bien et dûment à la prison pour dettes de la rue de Clichy.

Célestin y est encore.

Il y restera jusqu'à ce qu'il ait accompli les cinq années pendant lesquelles une loi honteuse accorde aux créanciers la propriété du corps de leur débiteur.

Il y restera, disons-nous, tout ce temps, à moins que ces mêmes créanciers ne se lassent un beau jour de débourser trois cent soixante-cinq francs par an pour tenir un homme sous les verrous, sans résultat possible, et ne le rendent à la liberté.

Au moment où nous écrivons, Célestin Barrois tourne à l'idiotisme.

Et voilà où conduisent les mauvais chemins!...

§

Didine, incapable de rester veuve trop longtemps d'un homme *utile*, a repris un nouveau Valet de Cœur.

Ce mortel heureux, — jadis pair de France, aujourd'hui sénateur, — possède, outre son ventre proéminent et ses cheveux gris et rares, soixante mille livres de rente et sa dotation.

Il fond annuellement les deux tiers de cette somme au creuset des fantaisies de Didine.

Fidèle par hasard, dans son infidélité, cette dernière aime toujours, et plus que jamais, le vicomte Adrien de Médoc.

Elle a fini par découvrir quelle était la véritable situation de ce jeune homme intéressant, et elle attend, — dit-on, — qu'elle ait réussi à mettre de côté cent mille écus, somme ronde, pour les lui offrir avec sa main.

Le vicomte de Médoc acceptera, — nous ne nous permettrions point d'en douter.

XXIV

RODERIC.

Le tigre du Bengale, — plus connu sous le nom du baron Roderic Alonzo, — avait tenu toutes ses promesses.

Aussi amoureux d'Olympe que si cette jeune actrice du théâtre des Variétés ne lui avait point coûté son bras droit, il avait réalisé magnifiquement le somptueux programme tracé par lui-même.

Olympe avait un petit hôtel aux Champs-Élysées.

Un mobilier fourni par Tahan.

Un coupé et une victoria.

Un attelage gris de fer, et un autre alezan brûlé.

Un cocher, — un cuisinier, — un valet de chambre.

Une argenterie et des diamants de chez Janisset.

Un châle brodé d'or, à fond vert, — un autre à fond noir, — un troisième à fond rouge.

Des robes, presque aussi nombreuses que ces coquillages que la mer laisse sur les plages en se retirant, se suspendaient mélancoliquement dans les armoires de la pécheresse, assez semblables, pour l'attitude, aux sept femmes de Barbe-Bleue, pendues au croc, sauf la tête, après l'anecdote badine de la clé d'or tachée de sang.

Bref, c'était une installation complète, un état de maison parfaitement entendu sous tous les rapports.

Olympe fut enthousiasmée.

Elle voyait ses plus beaux rêves réalisés soudainement par le coup de baguette d'un enchanteur inattendu.

Elle éprouva donc, et elle témoigna à sa façon à

Rodéric, une sorte de reconnaissance passionnée, que le fougueux jaguar prit pour un amour de bon aloi.

Tout alla bien pendant quelque temps.

Au lieu des rugissements du tigre en furie, on n'entendait que roucoulements tendres et caressantes modulations.

C'était un mélange de tourtereaux.

Les araignées enveloppaient de leurs toiles fragiles le paquet des cannes de bambou.

Mais Olympe appartenait à cette catégorie de filles d'Ève, chez lesquelles la fourberie est une seconde nature.

Pour elle, tromper c'était vivre.

En outre, Roderic, avec son bras de moins, ne lui inspirait point une terreur bien grande.

A mesure qu'elle s'accoutumait aux splendeurs de sa nouvelle existence, elle trouvait le Brésilien de plus en plus insignifiant.

Ensuite il lui parut importun.

Et enfin elle en arriva, par de rapides gradations, à se déclarer qu'il était insupportable.

Est-ce à dire que, ne pouvant plus le supporter, elle le quitta?

Oh! que non pas!...

L'or du Brésilien était toujours le bien-venu, si sa personne semblait odieuse.

Seulement Olympe songea à se créer quelques dédommagements, — à chercher quelques distractions.

C'était trop juste !...

Pour une jeune et jolie femme comme Olympe, distractions et dédommagements ne sont ni rares ni difficiles à trouver.

Elle essaya successivement d'une demi-douzaine de consolateurs en moustaches blondes et en moustaches noires, et s'en trouva bien.

Roderic, malgré sa clairvoyance de Brésilien et de jaloux, semblait avoir un bandeau sur les yeux.

Olympe, convaincue que le tigre était devenu aveugle et sourd, mit de côté toute prudence.

Un beau jour, une porte un peu trop tardivement ouverte, donna l'éveil à Roderic.

Il ne dit rien, mais il devint d'un jaune verdâtre et il se promit d'être sur ses gardes.

L'éclat phosphorescent dont brillèrent en ce moment les yeux du Brésilien, la contraction toute féline de ses narines, le ton bilieux que revêtit la peau de son visage, son silence même, effrayèrent Olympe.

Pendant quelques jours, elle s'observa mieux.

Mais la physionomie de Roderic ne reprenait point sa sérénité accoutumée.

La semaine suivante, Olympe, voulant faire une gracieuseté à *son tigre*, — comme elle l'appelait, — alla le surprendre chez lui, rue Taitbout, dans la matinée.

Le valet de chambre, qui la connaissait, la laissa passer sans conteste.

En approchant de la chambre à coucher du baron, Olympe entendait un bruit bizarre de la nature duquel elle ne pouvait venir à bout de se rendre compte.

Elle ouvrit la porte.

Roderic, sans autre vêtement que sa chemise et un pantalon à pieds de cachemire rouge, tenait de la main gauche le plus gros de ses bambous, et s'évertuait à frapper sur un mannequin habillé en femme.

Olympe reconnut une de ses robes.

Elle ne put retenir un petit cri.

Roderic, en voyant entrer la jeune femme, eut aux lèvres un singulier sourire.

— Eh! mon Dieu! — s'écria Olympe, — que faites-vous donc là, mon ami?

— Mais, vous voyez, je m'occupe.

— Quelle occupation étrange!

— Pas tant que vous croyez... — J'avais besoin de prendre un peu d'exercice, — on ne sait pas ce qui peut arriver. — Je forme mon bras gauche... — Dame! que voulez-vous, quand on n'en a plus qu'un!

Olympe comprit et n'ajouta pas un seul mot.

Roderic jeta dans un cabinet le mannequin et le bambou, et revint auprès de la pécheresse, avec laquelle il se montra très-empressé.

§

Quelques jours après le petit épisode que nous venons de raconter, il y avait foule au théâtre de l'Ambigu.

On jouait un drame de mon bon ami et collaborateur Eugène Grangé.

Ce drame faisait courir tout Paris.

Olympe et Roderic occupaient une avant-scène.

Il y avait dans la pièce un jeune premier, mince comme une femme et vêtu comme un amoureux de vaudeville.

Ce jeune premier avait un peu de talent, de grands yeux noirs, des lèvres d'un carmin foncé et de petites moustaches brunes.

Il débutait et faisait fureur parmi *ces dames* d'avant scène.

Olympe ne l'avait pas encore vu.

A peine eut-il fait trois pas et dit quatre paroles qu'elle en raffola.

En sa qualité d'artiste dramatique, Olympe savait, mieux que personne, rendre justice au mérite de ses confrères.

Elle trouva moyen d'envoyer Roderic lui chercher des bonbons, et, pendant son absence, profitant d'un moment où le jeune premier se trouvait tout près d'elle, elle laissa tomber son bouquet.

L'artiste le ramassa et le porta galamment à l'actrice alors en scène, qui venait d'achever une tirade chaleureuse et qu'on applaudissait à tout rompre.

Mais, en accomplissant ce devoir de bonne camaraderie, le jeune premier avait jeté les yeux sur Olympe, et un regard et un sourire de celle-ci lui avaient dit clairement :

— C'était pour vous !

Il n'en fallait pas tant pour nouer une intrigue.

Deux ou trois jours, et l'échange de quelques fautes d'orthographe, amenèrent celle-ci à son entière maturité.

L'artiste devint le Valet de Cœur en pied et en sous-ordre de la pécheresse.

Nous savons déjà que la défiance de Roderic était éveillée.

Olympe ne s'en souvint pas assez.

Le Brésilien ne tarda guère à acquérir une certitude à peu près complète ; mais il voulait ne conserver aucune espèce de doute et il mit en œuvre cette ruse aussi vieille que le monde, et qui sera toujours nouvelle car elle réussira toujours.

Il annonça qu'il allait, avec quelques amis, chasser pendant quarante-huit heures dans la forêt de Compiègne.

Puis, bien installé dans un fiacre à stores baissés, il attendit.

Après dîner, Olympe sortit.

Elle se fit conduire à l'Ambigu.

Roderic, caché au fond d'une baignoire, ne perdait pas un des signes d'intelligence qu'elle et le jeune premier se faisaient, à la barbe du bon public.

Le spectacle s'acheva.

Olympe se fit ouvrir la porte de communication qui donnait sur le théâtre, et elle alla rejoindre son bien-aimé dans sa loge.

Quelques minutes après, tous deux sortaient bras dessus bras dessous, et s'en allaient souper chez Bonvalet, ce restaurateur illustre qui pour les cabotins du boulevard du Temple remplace avantageusement le Café Anglais et la Maison-Dorée.

Désormais sûr de son affaire, Roderic se fit conduire au petit hôtel des Champs-Élysées, après s'être muni d'un bambou.

Il envoya coucher tous les domestiques, en les prévenant qu'il ouvrirait lui-même à *madame*, quand elle rentrerait.

Puis, seul maître dans le logis, il se mit à accomplir une œuvre de dévastation gigantesque.

Il brisa les glaces, — il fractura les meubles, — il déchira les tentures et les rideaux, — il creva les tableaux, — il lacéra les robes, — il força les armoires, — il jeta les châles d'or dans le feu et les diamants par la fenêtre.

Bref, en moins d'une heure, l'appartement d'Olympe offrait l'aspect sinistre d'une maison mise à sac par un parti de Cosaques.

Ceci fait, il s'installa sur un débris de fauteuil, dans l'antichambre, près de la porte d'entrée.

A quatre heures du matin, Olympe rentra.

Roderic, attentif comme le valet de pied le mieux stylé, lui ouvrit la porte sans la faire attendre un instant.

Mais, à peine en avait-elle franchi le seuil, que le Brésilien paracheva sa vengeance.

Jamais bras droit ne fonctionna avec plus d'activité et de force que ce bras gauche bien exercé.

Les coups se succédaient, dru comme grêle.

Enfin, au dernier coup, le bambou se brisa.

Olympe était sans connaissance.

Roderic reprit tranquillement le chemin de la rue Taitbout.

§

Le lendemain matin, les domestiques trouvèrent la pécheresse toujours évanouie.

On courut chercher un médecin et on voulut la mettre au lit, — mais il n'y avait plus de lit.

On assembla, tant bien que mal, dans des draps en lambeaux, les fragments de belle laine, douce et blanche, qui avaient formé les matelas, et on étendit la jeune femme sur cette couche improvisée.

Le médecin déclara qu'il n'y avait pas de danger pour la vie, mais que les contusions étaient effrayantes et que la guérison serait longue.

Olympe, aussitôt qu'elle fut complètement revenue à elle-même, c'est-à-dire deux jours après l'événement, porta plainte contre Roderic.

Mais quand la police se transporta au domicile de ce dernier, elle apprit que le Brésilien était parti la veille pour le Havre, et que là il avait pris immédiatement son passage à bord du beau trois mâts *le Saint-Charles*, qui venait d'appareiller pour Rio-Janeiro.

Pour rattraper Roderic il eût fallu des ailes et la police n'en a pas.

XXV

LE VIEUX SOLDAT.

Un matin, vers onze heures, Georges de Giverny, qui était rentré à une heure fort avancée de la nuit, venait de se lever.

Il attachait la ceinture de son pantalon de flanelle, et il s'apercevait, non sans effroi, que cette ceinture était quelque peu étroite, et que, depuis moins d'un mois, lui, le viveur élégant par excellence, avait grossi de plus d'un centimètre.

Nous savons déjà que Georges avait des dispositions à l'embonpoint, et qu'il ne prenait pas facilement son parti.

Le valet de chambre vint le prévenir que monsieur le général Laforge demandait si monsieur le baron pouvait le recevoir.

— Faites entrer le général dans le fumoir — répondit Georges — et priez-le de vouloir bien patienter cinq minutes en m'attendant.

Le valet de chambre sortit, et M. de Giverny procéda rapidement à sa toilette du matin.

Au bout de quelques instants il rejoignit le vieux Valet de Cœur de la diaphane sylphide.

Le général portait un pantalon gris perle, presque collant, et ajusté sur les bottes étincelantes qui étranglaient inhumainement son large pied.

Un lourd paquet de breloques, suspendues à la chaîne d'or de sa montre, miroitait sur son gilet de cachemire à palmes éclatantes.

Les revers ouatés et doublés de soie de son paletot d'une nuance très-claire découvraient sa petite redingote noire, excessivement pincée à la taille, dont la cassure vigoureuse à l'endroit des hanches dénotait la pression d'un corset garni d'acier.

La rosette de la Légion d'honneur se nouait à la boutonnière de la redingote et à celle du paletot.

La main droite du général, imposante de grandeur dans son gant *clair de lune*, jouait avec un petit stick en corne de rhinocéros.

Sa main gauche tenait son chapeau de soie à coiffe blanche.

Toute la personne du vieux *beau* était, si cela est

possible, plus raide et plus compassée que de coutume.

Sa physionomie respirait, en outre, une sorte de solennité en dehors de ses habitudes.

Il y avait en lui, ce jour-là, tout à la fois du militaire, du préfet et du notaire royal.

— A quel heureux hasard, général, dois-je votre gracieuse visite ce matin? — demanda Georges en serrant la main de M. Laforge.

— Mon cher baron, — répondit ce dernier, — je vais vous paraître, sans doute, bien indiscret et bien importun...

— Ah! par exemple, général!... une pareille supposition!...

— Je viens, — interrompit M. Laforge, — je viens vous demander deux choses... un conseil et un service...

— Je ne saurais vous exprimer combien je suis honoré de cette preuve de haute estime...

Le général toussa, — tordit sa moustache, — fouetta sa botte du bout de son stick, — fit enfin tout le manége de quelqu'un qui est embarrassé de ce qu'il va dire.

Georges, ne devinant pas de quoi il allait être question, ne pouvait venir à son aide.

Enfin, le général prit un parti.

— Vous connaissez ma position, mon cher baron... — fit-il d'un air dégagé.

— Votre position, général? — Mais, sans doute, comme tout le monde. — Je sais que vous êtes fort riche, parfaitement considéré, et que vous avez rendu glorieux le nom que vous portez...

— Ce n'est pas de cela qu'il s'agit...

— De quoi donc, général?

— De la situation de mon cœur...

Georges ne put s'empêcher de sourire légèrement.

— Ah! ah! — fit-il.

— Vous n'ignorez point — poursuivit le général — combien est vif l'attachement que je porte à une jeune artiste...

— Mademoiselle Pirouette?

— Elle-même. — La pauvre enfant partage bien cette affection, et me le prouve quotidiennement de la façon la plus touchante...

— Oh! je n'en doute point, général.

— Eh bien! il y a des moments, je dois vous le dire, où cette affection est pour moi une source de chagrins...

— En vérité?

— Mon Dieu, oui. — Pirouette, cette chère amie, fait partie du corps de la danse. — Elle obtient, à l'Opéra, les succès les plus flatteurs,— vous l'avez vous-même, mon cher baron, applaudie bien souvent.

— Oui, certes, mais ce n'est pas de cela que proviennent vos chagrins.

— Au contraire,— c'est de cela même.

— Et, comment?

— Pirouette, appartenant au public, dont elle est l'idole, il me semble qu'elle est ma propriété moins exclusive... — Quand elle danse, je suis jaloux de tous ces yeux qui la regardent...

— Et qui se blessent aux angles aigus de sa personne!... — pensa Georges.

Mais, bien entendu, il garda cette réflexion pour lui seul.

— Bref, si je vous comprends bien, — dit-il tout haut, — vous souhaiteriez lui voir quitter le théâtre!

— Mon cher baron, vous avez dit le mot et mis le doigt sur la chose.

— Eh bien! quoi de plus facile?

— Ah! voilà!... — C'est beaucoup moins facile que vous ne vous le figurez...

— Pourquoi donc? — Il me semble que chacun de vos désirs doit être un ordre pour mademoiselle Pirouette, puisqu'elle vous aime...

— Oh! sans doute, cette pauvre chatte... — elle est disposée à me céder sur tous les points, celui-là seul excepté...

— Ah! diable!...

— Et c'est bien naturel!

— Pensez-vous?

— Mais oui. — Songez donc... — elle aime son art... — elle est ambitieuse — les bravos du public l'enivrent — elle se voit déjà l'émule des Taglioni — des Essler, des Céritto, etc... — C'est là un beau rêve, et je comprends qu'y renoncer doive être un grand sacrifice...

— C'est par les grands sacrifices que se prouvent les grandes passions, — dit Georges sentencieusement.

— Vous avez raison. — Aussi, ce sacrifice, Pirouette ne me le refuse point d'une façon absolue... —Seulement elle veut un échange de dévoûments et de preuves irrécusables de l'amour le plus fort...

— Qu'entendez-vous par là, général?

— En deux mots, Pirouette consent à abandonner l'Opéra, mais à la condition qu'elle ne quittera le théâtre que pour devenir madame Laforge...

Georges eut aux lèvres un nouveau sourire habilement dissimulé.

— Bien joué, — pensa-t-il; — cette danseuse transparente est plus forte que je ne le croyais.

Puis il reprit :

— Eh bien! général, que décidez-vous?...

— Mais c'est justement à ce propos que je venais vous demander un conseil, mon cher baron...

— Un conseil, général, c'est bien embarrassant!...

— Et, pourquoi?...

— Ah! dame! pour une foule de raisons...

— Lesquelles?

— Cela se comprend mieux que cela ne s'exprime... — Mais, voyons, général, êtes-vous parfaitement certain que des sacrifices d'une autre nature — un bon contrat de rentes, par exemple, ne détermineraient point mademoiselle Pirouette à vous faire la concession que vous souhaitez?...

— Un contrat de rentes!... — s'écria le général en levant les mains et les yeux au ciel, c'est-à-dire vers le plafond — de l'argent!... Ah! baron, que vous la connaissez mal, cette pauvre chère amie!... — Vous ignorez son désintéressement complet!... — Je n'oserais seulement pas lui faire une semblable proposition!... — Pirouette est absolument de l'avis de M. Scribe, elle trouve que *l'or est une chimère!...* une véritable chimère!... — En échange de la gloire qu'elle rêvait, ce n'est pas de l'argent qu'il lui faut, c'est de la considération, une position sérieuse dans le monde... enfin, c'est un mari...

Le général, complètement essoufflé par cette tirade, s'arrêta pendant à peu près une demi-minute, puis il reprit :

— D'ailleurs, moi, quoique bien conservé, je commence à m'apercevoir que je ne suis plus tout à fait aussi jeune que je l'ai été autrefois...

Georges se mordit les lèvres pour ne pas s'abandonner aux accès d'un rire homérique, en entendant cette gigantesque naïveté.

Le général poursuivit :

— Je me lasse des plaisirs bruyants — les nuits de bal me fatiguent — les truffes et le vin de Champagne ne me réussissent plus, passé une heure du matin. — J'éprouve le besoin d'avoir un intérieur — une vie calme et régulière — une bonne petite femme jolie, aimante, dévouée, fidèle... — et, qui sera plus jolie, plus aimante, plus dévouée et plus fidèle que cette pauvre petite Pirouette ? — J'éprouve le besoin d'avoir des enfants (car j'en aurai, n'en doutez pas, baron, quand ma position sera régulière), je veux faire sauter ces marmots sur mes genoux, et les voir tirer le nez et les moustaches blanches de leur père... — elles sont noires, aujourd'hui, baron, mais dans ce temps-là, elles seront blanches... — Je possède tout près de Mantes une propriété ravissante — une terre de cent mille écus avec un petit castel en fort bon état,—j'irai vivre là avec ma femme, de la véritable vie de seigneur châtelain... — Pendant huit mois de l'année, nous y recevrons nos amis, mon cher baron, et vous le premier. — Nous aurons des fusils et des chiens, et bonne table surtout!... — et de jeunes chevaux à l'écurie et de vieux vins dans la cave!...—Vous verrez qu'on ne s'ennuiera pas trop chez nous, et que vous serez souvent des nôtres... — Nous passerons à Paris quatre mois d'hiver!... — Nous aurons deux ou trois dîners par semaine, et, de temps en temps, quelques petits bals... — mais pas de femmes légères, pas d'artistes — rien que des gens sérieux, des femmes mariées, et encore d'une conduite irréprochable... — D'abord Pirouette l'exigera, — vous ne sauriez croire combien elle est collet monté, cette pauvre amie!... C'est au point que je n'ose pas dire devant elle un mot un peu risqué!... — Cela me gêne quelquefois, mais, bah!... — Eh bien ! maintenant que vous savez quels sont nos petits plans d'avenir, montrez-vous mon ami sincère, mon cher baron, et donnez-moi franchement votre avis.

XXVI

UN CONSEIL S. V. P.

Après cette tirade, plus longue encore que la première et débitée, tantôt avec chaleur, tantôt avec une onction véritablement pathétique, le général Laforge eut un étourdissement d'une minute, un étouffement de deux ou trois, et une quinte de toux qui en dura quatre ou cinq.

L'antique Valet de Cœur avait décidément raison, — il était *moins jeune qu'autrefois !...*

Ces petits accidents mirent un temps d'arrêt forcé dans la conversation, et la réponse de M. de Giverny dut se faire attendre.

Cette réponse ne pouvait être douteuse.

Georges voyait, aussi clairement que le jour, que le parti du général était pris irrévocablement et que ce dernier ne venait solliciter un conseil que pour quêter une approbation.

— Mon cher général, — dit-il, — vous me faisiez donc l'honneur de me demander un conseil dans les circonstances que vous venez de mettre sous mes yeux...

Le général, craignant une quinte de toux, se contenta de s'incliner.

— Eh bien, — reprit Georges, — ce conseil je vous le donnerai avec cette franchise que votre confiance encourage...

— C'est bien sur quoi je compte, — fit M. Laforge, avec un froncement de sourcils annonçant qu'il commençait à craindre la conclusion de ces préambules.

Georges continua :

— Mon avis est, comme celui de tout homme sage, qu'il faut rechercher d'une façon spéciale ce qui doit nous procurer dans la vie la plus forte somme de contentement...

— D'où vous concluez?

— Que vous ne devez pas perdre un instant pour terminer un mariage qui vous offre toutes les chances et toutes les garanties possibles d'être... le plus heureux des hommes et des maris...

Un joyeux éclair brilla dans les yeux gris du général.

— Ah! sacredieu! — s'écria-t-il avec l'ancienne énergie de son langage militaire, — vous me faites plaisir, mon cher baron, en me parlant aussi franchement!... — quoiqu'encore bien jeune, vous êtes un homme d'un grand sens pratique et d'une sérieuse expérience. — Ma confiance en vos lumières est absolue... — Votre conseil me décide, — je le suis, et j'épouse...

— Bravo, général ! — répliqua Georges en se mordant de nouveau les lèvres.

Il avait peine à comprimer l'envie de rire qui s'emparait de lui.

Quoi de plus comique en effet que cette façon du général d'arranger les choses, en prétendant se laisser influencer par un conseil dont il n'aurait nullement tenu cas s'il n'eût point été conforme à ses désirs.

— O Molière ! — pensa Georges, qui se rappela la scène du *Mariage forcé*.

— Maintenant, — poursuivit le général, après avoir amplement pressé entre les siennes les deux mains de son interlocuteur, — arrivons-en au service que j'ai à vous demander...

— Vous savez, général, que, quel que soit ce service, vous pouvez d'avance et absolument compter sur moi...

— Eh pardieu ! j'y compte bien aussi, cher ami, et je vous le prouve... Il s'agit de consentir à me faire l'honneur d'être l'un de mes témoins...

Georges fit un mouvement brusque.

— Quoi! — s'écria-t-il, — un duel!...

— Eh non! — répondit le général en riant, — vous me comprenez mal!... il n'est point question de duel, — il s'agit simplement:

> « De mille doux combats
> « Qui ne dépeuplent point la terre!... »

comme le dit dans ses poésies charmantes M. de Chaulieu dont je sais par cœur les vers badins!... — il s'agit, en un mot, de mon mariage...

— Oh! oh! cela est bien différent en effet...

— Et, vous acceptez?

— Avec le plus vif empressement.

— Je ne sais comment vous remercier, monsieur le baron... — cette chère Pirouette se chargera de le faire pour moi... — Ah! à propos, vous savez que *Pirouette* n'est pas son vrai nom?

— En effet, j'ai toujours supposé que ce devait être un nom de guerre.

— Pauvre petite chatte!... elle n'aurait pas voulu faire monter sur les planches son véritable nom de famille... — car elle est d'une famille des plus honorables... — elle s'appelle Lydia Chatborgnet, — son père occupait un emploi important dans une grande maison de Paris...

— Il y était portier, — pensa Georges, — tout le monde le sait.

— Je vous prierai donc, à l'avenir, — poursuivit le général, — de vouloir bien ne plus faire aucune mention de ce pseudonyme de *Pirouette* qui ne serait nullement convenable pour madame Laforge...

— Général, cette recommandation était inutile !

— Oh ! je sais à merveille combien vous êtes un homme de tact, — mais l'habitude est si grande !... Moi-même, je ne suis pas bien sûr de ne pas m'oublier et de ne pas dire quelque jour à ma femme : *Pirouette*, monsieur le curé vous demande si vous voudrez bien quêter dimanche...

— Je veillerai sur moi, général.

— Je vais, tout de ce pas, chez le comte Maxime de Bracy, pour le prier d'être mon second témoin.

— A merveille, général.

— Je désire, — vous le comprenez, — éviter tout éclat. — Le mariage religieux aura lieu à l'église Notre-Dame-de-Lorette, sans apparat... — En sortant de la messe, nous déjeunerons chez moi, entre nous, huit ou dix personnes tout au plus...

— Quel est le jour fixé pour le mariage, général ?

— Eh mon Dieu ! c'est après-demain.

— Après-demain !... — répéta Georges stupéfait, Il lui paraissait, et à bon droit, prodigieux, que le général fût venu le consulter à propos d'un mariage qui se célébrait le surlendemain.

M. Laforge continua, avec un magnifique aplomb.

— Les affiches et les publications ont été faites depuis neuf jours, et, il n'y a qu'un instant, vous m'engagiez vous-même à mener les choses le plus vite possible.

Ici se termina l'entrevue de Georges de Giverny et du général.

Quand ce dernier eut quitté le baron, après une dernière poignée de main, Georges bâilla énergiquement, haussa les épaules à trois ou quatre reprises, et s'écria :

Vieux fou !...

§

Le surlendemain, le mariage du général Laforge avec Lydia Chatborgnet, plus généralement connue sous le nom de *Pirouette*, se célébrait ainsi qu'il avait été convenu.

Quoique le général eût annoncé qu'il ne voulait aucun apparat, une très-grande quantité de curieux encombraient l'étroite nef de Notre-Dame-de-Lorette.

Le Jokey-Club, les habitués du boulavard des Italiens, du Café Riche et de Tortoni, et le corps des ballets de l'académie impériale de musique et de danse étaient là en masse.

Le général Laforge fut splendide de satisfaction exhubérante.

Pirouette montra beaucoup de tenue.

Lorsque le général prononça le : *Oui* solennel, d'une voix presque aussi retentissante que s'il avait donné des ordres sur le champ de bataille, il s'en fallut de bien peu que, malgré la sainteté du lieu, des éclats de rire et quelques applaudissements éclatassent.

La veille, le contrat de mariage avait été signé.

Par ce contrat, le général reconnaissait à Lydia Chatborgnet l'apport d'une somme de cent mille écus, en rentes sur l'État au porteur.

Le déjeuner se passa fort bien.

Il fut grave et ennuyeux, — le ton de la plus haute pruderie présida d'un bout à l'autre du repas à la conversation.

Les convives se dispersèrent le plus vite possible.

Le sort en était jeté !

La chaîne attachée au pied du vieux Valet de Cœur, et dont Pirouette tenait l'un des bouts, était devenue une chaîne conjugale et indissoluble !

Immédiatement en sortant de table le général et sa femme montèrent dans un coupé neuf, attelé de deux chevaux neufs, et conduit par un cocher en livrée neuve.

Le cocher, le valet de pied et les chevaux étaient hérissés de nœuds et de cocardes en rubans blancs.

Le général allait installer sa femme dans son joli castel des environs de Mantes.

La figurante de l'Opéra se faisait dame châtelaine.

Jusqu'ici le tableau n'était que comique, — pourquoi faut-il qu'il devienne triste ?...

Mais, nous nous devons, avant tout, à la vérité.

Cinq mois environ après le mariage extravagant auquel nous venons de faire assister nos lecteurs, on vint prévenir Georges de Giverny que le général Laforge était à la dernière extrémité et qu'il demandait à le voir.

Un vieillard qui meurt n'est plus ridicule, — l'approche de la mort le rend sacré !

Georges accourut.

Le matin même, le général avait eu une attaque d'apoplexie, — on l'avait saigné aussitôt, mais il n'y avait plus d'espoir.

D'un côté du lit il y avait un chirurgien, — de l'autre côté il y avait un prêtre.

Les médecins du corps et de l'âme.

Georges, en entrant dans cette chambre mortuaire, chercha des yeux madame Laforge.

Elle n'était pas là.

Le général venait de se réconcilier avec Dieu, — avec le Dieu des batailles, — avec le Dieu des armées, — si indulgent pour les vieux soldats.

Il se sentait mourir, — mais il n'avait pas plus peur que devant le feu de l'ennemi.

Un faible sourire errait sur ses lèvres.

Il reconnut Georges, — il lui tendit la main, il murmura, d'une voix à peine distincte:

— Ah mon ami ! pourquoi m'avez-vous conseillé de l'épouser...

Ce furent ses dernières paroles.

Ses yeux se fermèrent, — tout était fini.

Georges de Giverny s'agenouilla et pria tout bas, — le prêtre plaça un crucifix sur la poitrine de cet homme qu'avaient épargné les canons de vingt combats et que venait de tuer une femme.

Car c'était Pirouette qui tuait le général Laforge.

Le matin même, l'ex-danseuse était partie pour l'Italie avec un figurant des Variétés, — emportant, bien entendu, les trois cent mille francs de sa dot.

En apprenant ce départ, le général avait été frappé d'une attaque d'apoplexie foudroyante.

L'ex-danseuse assassinait le vieux soldat.

XXVII

LE ROMAN.

Maintenant, nous voici quittes envers le passé.

Il nous semble, — sauf erreur ou omission, comme disent les gens de loi dans leurs actes, — que nous venons de régler notre compte avec tous ces personnages qu'au début de ce volume nous appelions les *comparses* de notre œuvre.

Nous pouvons, — pour ne plus nous en écarter, — revenir à ceux sur lesquels, à cette heure, l'intérêt se concentre.

C'est ce que nous allons faire.

§

La visite d'Ernest Pichat de la Chevalière, le romancier inédit, l'homme de génie futur, à Suzanne la pécheresse, avait singulièrement influé sur le plan de ce livre dont le récit de Paul Lascours lui fournissait le canevas.

Dans le plan primitif que nous avons mis sous les yeux de nos lecteurs, Suzanne, on s'en souvient, ou plutôt *Caprice*, devait jouer, comme dans la vie réelle, le rôle d'une femme sans cœur et sans âme, d'une franche coquine ; — enfin, — puisque l'expression est à la mode, — d'une véritable *fille de marbre*.

Disons en passant, — puisque l'occasion s'en présente, — qu'il y a, dans notre époque, quatre hommes qui ont créé des expressions *types*, pour désigner des anomalies sociales auxquelles, avant eux, on donnait vingt noms différents, sans portée et sans signification précise.

Ces expressions resteront dans le langage du dix-neuvième siècle.

Nous sommes fiers d'être l'un de ces hommes.

Nestor Roqueplan a inventé les *Lorettes*.

Alexandre Dumas fils, les *Dames aux Camélias*.

Nous, les *Chevaliers du Lansquenet*.

Eugène Barrière, les *Filles de Marbre*.

Cela dit, entre parenthèses, revenons à Ernest Pichat de la Chevalière.

Le jeune homme était sous le charme, et, sinon amoureux de Suzanne, du moins bien près de le devenir.

Il refit son scénario.

De démon qu'elle était d'abord, *Caprice* devint un ange, — ange un peu déchu, il est vrai, mais auquel les blanches ailes qui sont l'apanage des séraphins étaient bien près de repousser.

Il mit sur le compte de la fatalité, des mauvais conseils et des irrésistibles entraînements de la misère toutes les erreurs de Caprice.

Quant au personnage d'*Arthur*, le fils légitime du *marquis de Balestac*, qui d'abord avait le beau rôle, il le sacrifia complètement.

Ce ne fut plus qu'une sorte d'amoureux transi, auquel il était complètement impossible de s'intéresser le moins du monde.

Ce beau remaniement achevé, Ernest se mit en quête d'un titre.

Après avoir, pendant trois jours et autant de nuits, tenaillé opiniâtrément son cerveau rebelle, il arriva à trouver cette appellation :

COMMENT LES FEMMES SE PERDENT.

HISTOIRE D'UN ANGE TOMBÉ.

Ce titre fut porté à Suzanne.

Elle le trouva ravissant, et, comme réellement elle éprouvait la plus folle envie de se trouver en scène, elle pria instamment le jeune écrivain de se mettre à l'œuvre sur-le-champ.

Ernest ne demandait pas mieux.

Se voir encouragé par une jolie femme, — lui

dont la monomanie n'avait certes pas besoin d'encouragements, — c'était plus qu'il n'en fallait pour le rendre tout à fait fou.

Il ne sortit plus de chez lui, et il travailla le jour et une bonne partie de la nuit.

Au bout de six semaines, il était pâle et défait comme un homme à peine convalescent d'une fluxion de poitrine ; — mais il avait mis au monde deux volumes !...

Si Ernest s'était religieusement conformé à son premier plan, le roman produit par lui n'aurait pas manqué, dans quelques parties, d'un certain mérite.

Ainsi, en reproduisant le récit de Paul Lascours, il n'aurait pu se défendre d'une verve passionnée, d'une énergie amoureuse, vivace et vraie comme la nature.

Il y aurait eu des cris d'amour et des plaintes désespérées s'échappant réellement du cœur.

Vainement Ernest aurait étendu sur tout cela, comme un vernis opaque, son style lourd et incolore.

Par instant, la peinture primitive aurait fait écailler le vernis maladroit, et aurait éclaté par-dessous avec sa sauvage puissance, comme une ébauche de Véronèse sous le replâtrage d'un badigeonneur.

Mais le roman, ainsi dénaturé, n'exista plus.

Ce fut quelque chose de pâle, de monotone, d'insignifiant, de pareil à ces esquisses que des artistes inexpérimentés font d'après des mannequins d'atelier.

La vie manquait partout.

Sous les draperies flasques et molles, on ne sentait ni la chair, ni les os, ni les muscles.

De prétendues passions s'agitaient à froid dans un cercle d'invraisemblances.

Le *marquis de Balestac* était un véritable père de mélodrame, un *tyran injuste et barbare*, tout hérissé de tirades enflées comme des vessies, et, comme elles, sonores et vides.

Arthur était un niais.

Caprice, une poupée au joli visage, parlant un joli langage, débitant de jolies maximes, — disant de jolis mots, — ouvrant son joli cœur à de jolis amours, — le tout à la manière du canard automate de Vaucanson, lequel canard, dit-on, buvait, mangeait, etc.

Dans ces deux volumes, il n'y eut qu'une chose réussie.

Ce fut le portrait de *Caprice*.

Mais Suzanne était trop charmante pour qu'en la copiant fidèlement on ne produisît pas, sinon un beau tableau, du moins une délicieuse miniature.

Quand Ernest eut achevé ses deux volumes, il les recopia, les corrigeant, ligne par ligne et mot par mot, avec une sollicitude toute paternelle.

Quand cette copie fut terminée, il pria Suzanne de lui indiquer le jour où elle pourrait lui consacrer quelques heures pour entendre la lecture de : *Comment les femmes se perdent !*...

Suzanne lui donna un rendez-vous pour le soir même, à neuf heures précises.

— Je dois vous prévenir que ce sera long, — fit Ernest.

— Eh bien ! tant mieux ! — répondit la pécheresse.

— Mais, m'écouterez-vous jusqu'au bout ?

— Est-ce que vous en doutez ?

— Et personne ne viendra vous interrompre ?

— Personne. — Ma porte sera défendue pour tout le monde.

— Même pour M. Tournesol ?

— Ah ! quelle question ! — S'il vient, par hasard, on lui répondra que je suis allée faire un tour à Londres par le télégraphe électrique et sous-marin, et il le croira...

— Mais, — demanda Ernest en souriant, — consignerez-vous également Paul ?

— Je le crois bien ! — surtout Paul !

— Pourquoi *surtout* ? — il vous aime...

— C'est justement à cause de cela ! — Il est ennuyeux comme une tragédie sans Rachel, ce garçon-là !

C'était péremptoire, — il n'y avait rien a répondre.

Ernest, certain de pouvoir lire sans interruption, et d'être écouté avec cette attention qui flatte tant un auteur à son début, retourna chez lui.

Il passa le reste de la journée à revoir encore son manuscrit, à corriger quelques petites répétitions de mots et à mettre en bon ordre les points et les virgules.

Il dîna succinctement, de peur que l'estomac trop chargé n'ôtât de sa sonorité à la voix, et, à neuf heures moins quelques minutes, il arriva chez la pécheresse, en portant sous son bras un très-imposant rouleau de papier, renoué d'une superbe faveur rose, achetée tout exprès pour cette occasion.

Suzanne, dans un délicieux déshabillé, l'attendait auprès du feu, dans sa chambre à coucher.

Sur un guéridon, placé entre sa chauffeuse et celle qu'Ernest devait occuper, il y avait une lampe, un sucrier de vermeil, une carafe de cristal de Bohême et un verre d'eau sucrée, tout préparé.

— Commencez ! commencez vite, — dit Suzanne, — j'ai hâte d'entendre...

Ernest s'assit, — dénoua son ruban rose, — déroula son manuscrit et lut :

— *Comment les femmes se perdent!* — *Histoire d'un ange tombé,* — roman en deux volumes, par Ernest Pichat de la Chevalière.

— Quel titre délicieux! — murmura Suzanne. — Ce soir, je ne sais pourquoi, il me paraît encore plus ravissant qu'à l'ordinaire.

Ernest poursuivit :

— *Dédicace...*

— Comment! — interrompit la pécheresse, — il y a une dédicace?

— Mais, oui... — quelques vers bien simples, écoutez : — A Suzanne...

— Quoi! — — s'écria la jeune femme, — quoi! Ernest, mon cher Ernest, c'est à moi que vous dédiez votre roman!

— Y a-t-il rien de plus naturel?

— Tenez, vous êtes un homme comme il n'y en a pas, et il faut absolument que je vous embrasse! — Un livre dédié à moi!... quel bonheur!... — Dans les *Viveurs de Paris,* on parlait de Camélia, c'est vrai!... mais on ne 'ui dédiait pas l'ouvrage !... et c'est bien différent!

Et Suzanne, après avoir sauté au cou d'Ernest, qui se sentit fort agité par ce baiser, se rassit en disant :

— Maintenant, lisez, cher Ernest, j'écoute de toutes mes oreilles!...

XXVIII

LES SUITES D'UNE DÉDICACE.

— A Suzanne ! — reprit le jeune romancier.

Et il déclama, non sans une prétentieuse emphase :

« Ange d'amour, exilé sur la terre,
« Astre charmant, étoile de lumière,
« Sur ce roman fixez vos yeux si doux!...
« En l'écrivant je ne pensais qu'à vous!...

« Votre portrait se trouve à chaque page,
« Lui seul fera le succès de l'ouvrage...
« En l'acceptant, vous comblerez mes vœux
« Et, s'il vous plait, j'aurai ce que je veux!...

Il ne faut pas savoir trop mauvais gré à Suzanne,

qui, somme toute, était une fille d'esprit, d'avoir jugé excellents ces mauvais vers.

Ne lui étaient-ils pas dédiés?

Le vieux singe moqueur de Ferney, Arouet de Voltaire, personnifiant en lui seul tout l'esprit du dix-huitième siècle, par conséquent bon juge en ces matières, ne proclamait-il pas admirables toutes les poésies platement louangeuses et sottement adulatrices que lui expédiaient, par le coche et par la voie du *Mercure galant,* tous les beaux esprits gascons, tous les bas-bleus normands et bretons?

Un Dieu s'inquiète-t-il beaucoup de la qualité de l'encens qui fume à ses pieds?

L'autel a des adorateurs, c'est tout ce qu'il lui faut.

Bref, les huit vers que nous avons cités plus haut paraissaient à Suzanne le dernier mot du génie humain.

Elle était éblouie, transportée, enthousiasmée.

— Mais, c'est merveilleux! — s'écria-t-elle, — quel talent!... quelle puissance!... quelle originalité!... — Hugo, Musset et Gauthier n'ont rien fait de plus fort!..... Ernest, vous serez un grand homme!...

— J'en accepte l'augure, — répondit le jeune homme, — qui, lui aussi, savourait avec une indicible volupté le doux breuvage de l'admiration et de la flatterie.

— Continuez, mon ami, — dit Suzanne.

Et il continua, ou plutôt il commença sa lecture.

Cette lecture, interrompue fréquemment par les transports enthousiastes de la pécheresse, dura pendant un peu plus de six heures.

Il était trois heures du matin passées, quand Ernest, haletant et le gosier en feu, prononça la dernière phrase de son œuvre.

Pendant cette lecture interminable, il avait absorbé le contenu de trois carafes et vidé le sucrier.

— Ami, — lui dit alors Suzanne en lui serrant les mains, et en se conformant à son insu dans son langage au pathos qu'elle venait d'entendre pendant si longtemps, — va ! tu as fait une chose belle et grande ! — le nimbe d'or du génie rayonne sur ton front pâli, — étincelle dans tes yeux pensifs ! — tu es un poète et un écrivain, un penseur et un homme de style !.., — tu sais inventer et peindre !... — tu es dessinateur et coloriste à la fois !... — Enfin, tu as tout !... tu es complet !... — ton nom brillera bientôt à côté des plus fiers barons de la plume !... bientôt il les éclipsera !... et moi j'aurai été la Béatrix de ce Dante nouveau !...

Quelle gloire !... Et qu'est-ce que Camélia pourra m'opposer !...

En parlant ainsi, Suzanne se tenait debout à côté de la chauffeuse dans laquelle s'étendait Ernest, anéanti de fatigue.

Ses deux petites mains blanches jouaient doucement avec les cheveux du jeune homme et semblaient les arranger en couronne.

Elle le caressait du feu voilé de ses plus doux regards, — elle ressemblait à une femme aimante, auprès de celui qu'elle aime.

Ernest subissait avec une béatitude infinie les irrésistibles fascinations de toutes ces chatteries.

Il écoutait cette voix suave, murmurant à son oreille les plus séduisantes louanges.

Il lui semblait qu'il faisait un rêve délicieux.

Cependant il ne suffisait point à Suzanne de se voir placée, côte à côte avec Camélia, sur le piédestal d'un in-octavo.

Une ambition plus grande germait déjà dans son esprit.

Les lauriers posthumes de Marie Duplessis lui faisaient envie, et les pages d'un volume lui semblaient froides et décolorées à côté du vivant prestige de la scène.

Suzanne avait assez fréquenté les journalistes,

les auteurs dramatiques, enfin tous les gens du métier, pour posséder l'argot littéraire.

Elle reprit donc :

— Dans ce que vous venez de me lire, Ernest, il n'y a pas seulement un succès, — il y en a deux, — le livre renferme un drame, et ce drame sera digne du roman...

Le théâtre, personne ne l'ignore, est le rêve choyé des jeunes écrivains. — Faire réciter leur prose, en face du gaz infect de la rampe, par des cabotins fardés de blanc et de rouge, c'est pour eux le *nec plus ultra* du bonheur.

Aussi Ernest s'écria-t-il avec empressement :

— Un drame !... vous croyez ?...

— Rien au monde n'est plus évident. — Ce sera une pièce de cœur, quelque chose dans le genre de la *Dame aux Camélias*, mais beaucoup plus intéressant.

— Et, à quel théâtre pensez-vous qu'il faudrait destiner cette pièce ?

— Au Gymnase ou au Vaudeville... — Rose Chéri ou madame Doche joueraient admirablement mon rôle... le rôle de *Caprice*... — Mais je vous conseillerais, dans la pièce, d'appeler l'héroïne Suzanne, comme moi...

— Je le ferai... — mais recevra-t-on mon drame, dans ces théâtres-là ?

— Et pourquoi ne le recevrait-on pas ?

— On dit qu'il est si difficile d'arriver à se faire jouer ?...

— Pour les crétins, — mais les gens de votre talent arrivent d'emblée partout ; d'ailleurs vous savez bien que je suis liée avec les journalistes les plus influents, — il vous donneront un fier coup d'épaule...

— Chère Suzanne, je vais, dès demain, me mettre au travail...

— Cela va vous forcer à penser encore à moi... — dit la pécheresse avec un sourire et un regard à damner un saint.

— Croyez-vous donc que j'aie besoin de cela pour y penser ?...

— Vrai, je vous occupe quelquefois ?

— Ai-je besoin de vous le jurer ?...

— Mais oui... — j'y croirai mieux ainsi...

— Eh bien, je vous donne ma parole d'honneur que votre image est sans cesse présente à mes yeux... jusque dans mes rêves de la nuit...

— Et, vous la repoussez de votre mieux ?...

— Je l'appelle au contraire, et tout mon bonheur est de la voir...

— Mais savez-vous, mon ami, — reprit Suzanne, — avec un redoublement de câlineries félines, — savez-vous que tout ce que vous me dites ressemblerait beaucoup à de l'amour?...

— C'est que c'est de l'amour en effet, — répliqua Ernest, entraîné par le courant de la situation, — Suzanne, je vous aime.

— Ne dites pas : *je vous aime*... Ernest!... — dites: *nous nous aimons!*...

Arrêtons-nous ici.

On devine comment une conversation commencée ainsi, devait finir.

Suzanne, — cette fille qui n'aimait rien, — s'était montée la tête à l'endroit du jeune écrivain, au talent duquel elle croyait réellement.

Pendant quelques heures elle se persuada qu'elle était follement amoureuse de lui.

Ernest ne sortit du logis de la rue de La Bruyère que le lendemain, à midi.

§

Il y avait à peine une heure que le futur romancier était rentré, et il faisait sa toilette pour ressortir, tout enivré, tout bouffi, tout glorieux du double triomphe qu'il avait obtenu pendant la nuit précédente, quand on frappa à la porte.

— Entrez, — dit-il.

Paul Lascours ouvrit et entra.

Cette apparition fit l'effet d'une douche d'eau glacée sur la tête en feu de notre personnage,

Paul était excessivement pâle, et son visage contracté exprimait une cruelle souffrance intérieure.

Ernest alla vivement à lui.

— Comme il y a longtemps que je ne t'ai vu ! — s'écria-t-il en tendant la main à Paul.

L'étudiant en médecine ne prit point cette main.

— Eh bien ! — demanda Ernest, — qu'y a-t-il donc ?... — Est-ce que nous sommes mal ensemble, par hasard, sans que je le sache ?...

— Avec toi, — répliqua Paul d'un ton sec et dur, je ne ferai pas de phrases... — à quoi bon... — Tu sais que j'aime et que je suis jaloux... — Or, un jaloux est un espion... — J'étais embusqué, hier au soir, dans la rue de La Bruyère... — Je t'ai vu entrer chez Suzanne à neuf heures du soir... — Tu n'en étais pas encore sorti à six heures du matin !...

— C'est vrai...

— Donc tu es l'amant de Suzanne, — je veux savoir depuis quand...

— Je ne suis pas l'amant de Suzanne...

— Vraiment ! — s'écria Paul avec un rire ironique, — alors qu'as-tu donc fait chez elle toute la nuit?...

— Quoique je trouve ta question assez ridicule, j'y veux bien répondre à cause de notre vieille amitié... — Je lisais à Suzanne le roman dont tu m'as toi-même donné le sujet, et dont voici le manuscrit...

— Et cette lecture a duré pendant la nuit entière?

— A peu près. — Quand elle a été terminée, il était trop tard pour revenir chez moi à pied, et je me suis endormi dans un fauteuil...

Ceci ne manquait point de vraisemblance.

Cependant Paul ne fut pas absolument convaincu.

— Jure-moi sur ton honneur que tu me dis la vérité, — fit-il, — jure-moi qu'entre toi et Suzanne il ne s'est rien passé que d'innocent, cette nuit, et je te croirai...

Le rouge monta au visage d'Ernest.

— As-tu donc besoin d'un serment pour me croire? — demanda-t-il, — et ma parole ne te suffit-elle pas?

— En toute autre circonstance, si. — Aujourd'hui, non.

— Eh bien! tant pis pour toi!... je ne jurerai

rien ! — Il me semble que je ne te dois aucun compte de mes actions !...

— Je sais ce que je dois conclure de ton refus !...

— Conclus tout ce que tu voudras ! — Suzanne, après tout, n'est pas ta femme !... pas même ta maîtresse... — Elle ne t'aime pas ! elle ne t'aimera jamais.

— Elle te l'a dit, peut-être ?...

— Oui. — Ainsi, je te conseille de cesser de t'occuper d'elle.

— Afin de laisser le champ libre à vos amours, n'est-ce pas ?... — Eh bien, il n'en sera point ainsi... — Je me mettrai entre elle et toi !...

— Et de quel droit ?...

— Du droit de l'amour méconnu, et qui se venge !... — du droit de l'amitié indignement trahie par toi !...

— Je t'ai trahi, moi ? — Tu es fou !...

— Non, je ne suis pas fou !... — Malheureusement !... — C'est toi qui es lâche !...

XXIX

UN GALÉRIEN ÉVADÉ.

Ernest n'était point ce qu'on peut appeler un aigle de vaillance.

Il ne s'était jamais battu, et nous pouvons affirmer qu'il aurait, de grand cœur, évité un duel.

Mais on ne pouvait pas non plus lui reprocher cette couardise ignoble qui courbe sous l'offense la tête de l'offensé, et l'empêche de se redresser en face d'une injure.

Le mot *lâche* était plus qu'Ernest n'en pouvait supporter.

Il se cabra, comme se cabre sous le fouet un cheval d'un naturel habituellement paisible.

— Ah çà ! mais, — s'écria-t-il, — sais-tu bien que tu m'insultes !...

— Eh pardieu ! c'est ce que je veux !...

— Te figures-tu, par hasard, que les choses se passeront ainsi ?

— J'espère bien que non... — Je l'espère si bien que, si tu refusais de te battre avec moi, je te souffletterais pour t'y forcer!...

— Monsieur Paul Lascours, — dit Ernest avec une certaine dignité, — je vous ai souvent serré la main, et vous êtes chez moi... Sans ces deux considérations qui vous protégent, je vous aurais déjà brisé ma canne sur le visage.

— Ce soir mes témoins seront chez vous... — s'écria Paul.

— Je les attendrai, et j'aurai les miens.

Après cette orageuse explication, Paul sortit.

Ernest, resté seul, fit des réflexions fort sombres à l'endroit des résultats fâcheux de sa bonne fortune de la veille.

Il sentait bien qu'il n'aimait point Suzanne, et il allait peut-être se faire tuer à propos d'elle.

Ceci l'égayait médiocrement en

Mais il n'y avait pas moyen de reculer sans honte, et le jeune homme, — disons-le à sa louange, — n'y songeait même pas.

Au lieu de sortir de chez lui, ainsi qu'il en avait eu d'abord l'intention, il écrivit à deux de ses amis pour les prier de venir le trouver, et le plus prochain commissionnaire fut chargé de porter ces lettres à l'instant même.

Les deux jeunes gens étaient chez eux et ne se firent pas attendre.

Ernest leur exposa ce qu'il attendait de leur complaisante amitié, et leur expliqua dans tous ses détails le sujet de la querelle.

Tous les deux trouvèrent cette affaire absurde et déplorable, mais en même temps ils jugèrent qu'un duel était inévitable, — à moins cependant que Paul Lascours ne consentît à faire des excuses à Ernest; mais cette supposition ne semblait point admissible.

Le jeune écrivain et ses amis attendirent les témoins de l'étudiant en médecine.

Plusieurs heures se passèrent sans rien amener.

Enfin on frappa à la porte.

— Ce sont eux, — dit Ernest qui courut ouvrir.

C'était tout simplement le concierge de la maison, apportant une lettre.

Ernest en regarda la suscription.

— L'écriture de Paul ! — s'écria-t-il, — que peut-il me dire?...

Et, tout en se posant cette question, il déchirait l'enveloppe.

Voici ce qu'il lut à haute voix :

« J'ai réfléchi, — je ne me battrai pas avec toi.

« Je regrette la scène de ce matin. — J'ai eu tort, — je le reconnais, et je te fais mes excuses.

« Je comprends que jouer la vie de deux hommes d'honneur pour une coquine de l'espèce de Suzanne, ce serait plus que de la folie; — ce serait de la bêtise !

« D'ailleurs, tu n'as rien à te reprocher.

« Suzanne est une de ces syrènes auxquelles on ne résiste pas. — Pour elle, j'aurais trompé cent fois mon meilleur ami.

« Je te souhaite seulement de ne pas l'aimer, car elle te ferait cruellement souffrir.

« Quant à moi, qui ne peux pas arracher de mon cœur cet amour honteux et déshonorant, — moi qui fais en ce moment une lâcheté aux yeux du monde pour ne pas risquer de commettre un crime, je ne puis rester plus longtemps ici, et je pars.

« L'air de Paris est un poison pour moi, l'astmosphère où respire cette femme me brûle.

« Je vais chercher, dans la vie de province, le calme, l'oubli et l'honneur.

« Au moment où cette lettre t'arrivera, je serai déjà en route pour le beau pays qui nous a vus naître tous les deux.

Peut-être un jour quand nous nous reverrons,

nous serrerons-nous la main, avec un sourire de mépris et de pitié pour le passé.

« Je le souhaite et je l'espère. »

« Paul Lascours. »

— Eh bien, — demanda Ernest, après avoir achevé la lecture de cette lettre, — qu'en pensez-vous ?

— Ma foi, — répondit un des jeunes gens, — je pense qu'il a eu peur.

Ernest secoua la tête.

— Non, — répliqua-t-il, — il n'a point eu peur... — Je connais Paul mieux que vous, voyez-vous, moi, et je déclare qu'il y a plus de courage dans ce qu'il vient de faire que dans tous les duels de la terre...

— C'est possible, — reprit le jeune homme qui avait parlé, — mais je ne voudrais pas être à sa place, et c'est avec ce genre de courage-là qu'on se fait montrer au doigt.

— Parce que le monde est absurde !...

— Oh ! je ne dis pas le contraire ; mais ce n'est ni toi ni moi qui le referons... Laissons-le donc comme il est, et, si nous voulons vivre en bonne intelligence avec lui, conformons-nous aux lois qu'il nous donne.

— A moins qu'on ne soit assez fort pour lui imposer les siennes...

— Oh! ceci rentre dans la spécialité du paradoxe... Ne soutiens donc pas cette thèse... tu ferais de l'esprit en pure perte... — Maintenant, mon très-cher, voici qu'il se fait tard, — tu n'as plus besoin de nous, ce dont, pour toi, je suis fort aise... Bonsoir...

— Où allez-vous?

— Dîner, pardieu!...

— Eh bien! si vous n'avez pas d'autres invitations, dînez avec moi...

— Volontiers.

Ernest mena aux Frères-Provençaux les témoins de son duel manqué, et tous les trois achevèrent gaîment la soirée au théâtre du Palais-Royal.

On jouait le *Chapeau de paille d'Italie.*

Suzanne était dans une avant-scène avec Tournesol.

La pécheresse voyait jouer la pièce pour la treizième fois.

Du bout de ses doigts mignons elle envoya un baiser à Ernest.

Mais ce dernier ne répondit à cette avance que par un salut presque cérémonieux.

Il avait failli se battre pour Suzanne, et cette

perspective de combat l'avait singulièrement refroidi.

Suzanne s'aperçut de cette nuance, fit une moue très-prononcée, et, durant le reste de la soirée, se montra dure, jusqu'à la cruauté, pour l'infortuné Tournesol.

§

Non, ce n'était point un paradoxe que nous avons entendu soutenir à Ernest.

Comme lui, nous sommes d'avis que Paul avait montré bien plus de courage en se décidant à quitter Paris, qu'en subissant les chances d'un duel.

Le duelliste audacieux prouve une témérité vulgaire. (Quel est, sauf de honteuses et rares exceptions, le Français qui n'est pas brave?)

Paul, au contraire, en reniant cet inutile amour qui l'enchaînait aux pieds de Suzanne, avait fait preuve d'une prodigieuse énergie morale.

Chose inouïe!... Merveille sans seconde!... Un *Valet de Cœur* avait rompu sa chaîne!...

De tous ceux que nous venons de mettre en scène, jusqu'à présent, c'est le seul !

§

Le lendemain matin, Ernest, enchanté d'avoir éprouvé des émotions neuves pour lui, et d'avoir fait, à bon marché, preuve de courage, se mit à la besogne pour tirer un drame de son livre, ainsi que Suzanne l'avait engagé à le faire.

Le malheureux! il ignorait quelles difficultés presqu'insurmontables il fallait affronter.

Faire un roman, — pour peu qu'il soit mauvais, — cela va tout seul, et le premier venu s'en tirera tant bien que mal.

Dans un roman, l'action est libre, l'auteur est maître, le récit peut marcher à sa guise, et se jeter à droite et à gauche, comme il l'entend.

Tout est permis, — les épisodes, — les digressions, — les hors-d'œuvres.

Quand le romancier ne sait que dire, rien ne l'empêche de parler de choses absolument étrangères au sujet qu'il traite.

Lorsque l'expression lui manque, rien ne l'empêche de la remplacer par une ligne de points . . .

Un de ses personnages le gêne-t-il ? — Il le supprime.

En a-t-il besoin de nouveau? — il le ressuscite sans trop de façon.

Pour lui, les lois de l'espace et du temps n'existent pas.

Il a l'immense ressource des descriptions, qui, employées à fortes doses par certains jeunes écrivains, font de leurs romans de véritables *amplifications* de rhétorique.

Bref, il est à coup sûr difficile et très-difficile de faire un bon roman. (Combien notre époque en a-t-elle produit?)

Mais, mettre au monde un roman détestable et même médiocre, il n'y a rien de plus aisé.

Les nôtres n'en sont-ils pas la preuve? — ajoutons-nous avec une fausse modestie.

Modestie qui n'est qu'un orgueil déguisé; car, si nous disons cela nous-même c'est afin que le lecteur ne le dise pas à notre place.

C'est adroit...

Un drame, c'est tout autre chose.

Produire une pièce de théâtre, même médiocre, même mauvaise, offre des difficultés prodigieuses.

L'agencement des scènes du moindre vaudeville demande un travail à peu près semblable à celui qu'exige le jeu appelé *casse-tête chinois*.

Resserrer tout un roman dans les cinq actes d'un drame, c'est, pour quelqu'un qui n'en a point l'habitude, bâtir une ville sans être architecte.

On s'y perd.

L'esprit s'égare dans de multiples combinaisons, — dans un inextricable pêle-mêle de faits et d'incidents qu'il faut classer dans un ordre logique, qu'il faut encadrer dans chaque scène, qu'il faut enfin conduire jusqu'au dénouement, en suivant une progression calculée habilement.

Jamais Balzac n'a su faire une pièce.

Le véritable *Mercadet* est de d'Ennery.

Et, tenez, rien qu'à vous parler des difficultés que présente la contexture d'un drame, je sens déjà mes idées s'embrouiller dans mon cerveau, et je suis sûr que je deviens complètement inintelligible.

N'est-ce pas vrai ? — oui ou non.

Eh bien ! c'est une œuvre pareille qu'entreprenait le jeune Ernest, avec une naïve et complète ignorance du péril.

XXX

LE DRAME.

Après un mois de travail opiniâtre, de jours sans repos et de nuits sans sommeil, Ernest écrivait le mot : Fin au bas du dernier mot de sa pièce.

Cette pièce, moitié comédie et moitié drame, s'appelait ainsi que le roman :

COMMENT LES FEMMES SE PERDENT!...

Seulement le sous-titre était supprimé.

Elle était en cinq actes, précédés d'un prologue en deux parties.

Nous l'avons dit au commencement de cette étude, notre intention est de faire assister nos lecteurs aux débuts d'une vocation littéraire.

Or, il est indispensable de connaître l'œuvre, du moins superficiellement, pour juger celui qui l'a produite.

Nous allons donc donner une analyse rapide, mais complète, de la pièce en question.

Peut-être pensera-t-on qu'on a vu jouer parfois au boulevard des drames qui n'étaient pas beaucoup moins mauvais.

Somme toute, la chose est possible, — aussi notons en passant que, si notre plume sert exactement notre pensée et trace une esquisse fidèle du type que nous avons la prétention de reproduire, on doit considérer le jeune Ernest Pichat de la Chevalière comme un écrivain sans talent, mais non point comme un imbécile.

Enfin, quelle que soit l'opinion qu'on se forme sur le drame de l'adolescent, voici le sommaire de ce drame :

PREMIÈRE PARTIE DU PROLOGUE.

(La scène se passe en Touraine dans le château du jeune marquis Roger de Balestac.)

Roger, en costume de chasseur, préside un déjeuner de jeunes gens, qui s'apprêtent à partir pour la chasse.

On entend, dans la cour d'honneur, les chevaux qui piaffent, — les chiens qui aboient, — les piqueurs qui ébauchent des fanfares.

Les jeunes gens boivent et chantent, — la gaîté est à son comble, — Roger, seul, semble soucieux et préoccupé.

On le plaisante à ce sujet, — il vide, coup sur coup, plusieurs verres remplis de vin de Champagne, il s'anime peu à peu, et, arrivant au diapason des autres convives, il s'écrie :

— Messieurs, ce déjeuner est un repas d'adieux !...

— Quoi ! tu nous quittes...

— Non, mais je quitte la vie de garçon !... je me marie !

— Ah ! bah ! et qui épouses-tu ?

— Mademoiselle Laure de Laverny.

— Cent mille livres de rentes, et une ravissante figure !... Bravo, marquis !...

— Le mariage a lieu dans huit jours, et je vous invite tous à la noce ?...

— Nous y serons, pardieu !... — Ah çà ! aimes-tu ta femme ?...

— Mais, certainement, je l'aime... comme on doit aimer la femme qu'on épouse...

— Ce qui veut dire que c'est un mariage de convenance ?...

— De convenance et d'inclination... tout s'y trouve réuni...

On porte des toasts aux futurs époux. — Une fanfare plus éclatante retentit, — les jeunes gens sortent, à l'exception du vicomte de Tizy, qui reste seul avec Roger.

— Mon cher marquis, — lui dit le vicomte, — j'imagine que ce n'est point ton prochain mariage qui te rendait si soucieux tout à l'heure...

— Non, certainement.

— Voyons, quelque chose te préoccupe, et je crois que je devine d'où te vient cette préoccupation...

— Que devines-tu ?

— J'ai entendu parler vaguement d'une liaison... d'une maîtresse... d'une jeune paysanne... — est-ce cela ?

Au moment où Roger va répondre, un domestique entre, et dit :

— Mademoiselle Paquerette est là... — elle demande à parler à monsieur le marquis...

— Plus tard !... — s'écrie Roger vivement, — je ne puis la recevoir... je ne suis pas seul... qu'elle revienne.

Le domestique s'éloigne.

— C'est cette Paquerette, n'est-ce pas ! — demande le vicomte.

— Oui.

— Tu n'as donc pas rompu avec elle ?

— Hélas ! non...

— C'est donc une liaison sérieuse ?

— Tu vas en juger...

Roger raconte alors au vicomte de Tizy, que Paquerette est orpheline... — Son père, un des gardes-chasse du château, a péri, huit ans auparavant, de la façon la plus malheureuse, tué d'un coup de fusil, dans une chasse au sanglier, par le vieux marquis de Balestac, mort depuis.

Tant que Paquerette n'a été qu'un enfant, Roger a veillé sur elle comme sur une sœur, ayant soin qu'elle ne manquât de rien dans l'humble chaumière qu'elle n'avait jamais voulu quitter.

Mais, un beau jour, il s'est aperçu que Paquerette avait seize ans et de beaux yeux noirs.

Il a séduit l'orpheline, qui l'aime éperdûment.

Cet amour le met dans le plus terrible embarras, — son caprice, à lui, est passé depuis longtemps, — il va se marier, — il est indispensable de rompre avec Paquerette, mais il ne sait comment s'y prendre pour éviter une scène de pleurs, de désespoir, et peut-être un scandale.

— Rien n'est plus simple, — répond le vicomte, — donne-lui de l'argent...

— Acceptera-t-elle?

— Jamais une jeune fille séduite n'a refusé un bon contrat de rentes... essaies-en, et tu verras...

— Peut-être as-tu raison... — Je suivrai ton conseil aussitôt après notre retour de la chasse...

Les deux jeunes gens s'apprêtent à rejoindre leurs compagnons pour monter à cheval et partir avec eux.

Mais, au grand étonnement de Roger, on annonce la comtesse de Saverny et mademoiselle Laure, sa fille.

Ces dames entrent, en costumes d'amazones.

Elles passaient, à cheval, devant la grille du château, — elles ont vu les apprêts d'une chasse à courre.

Laure a supplié sa mère de suivre cette chasse avec elle, et, au point où en sont les choses avec Roger, la comtesse n'a pas cru devoir refuser ce plaisir à sa fille.

Les chevaux de ces dames sont fatigués, Roger va donner l'ordre de seller immédiatement pour elles des chevaux frais.

Il prie le vicomte de Tizy de les accompagner au salon, où elles se reposeront un instant, tandis qu'il ira lui-même choisir les deux poneys les plus doux de ses écuries. Au moment où il va franchir le seuil, il se trouve en face de Paquerette.

— Vous, ici! — s'écrie-t-il, — quelle imprudence!...

— Vous ne veniez plus... il fallait bien que je vinsse, moi!...

— Eh bien, j'irai chez vous, je vous le promets, à mon retour de la chasse... mais maintenant, vous le voyez, on m'attend...

— Roger, j'ai à vous dire quelque chose qui ne souffre pas de retard...

— Moi aussi, j'ai quelque chose à vous apprendre... mais plus tard...

— Non, Roger, tout de suite...

Le jeune homme, en face de l'insistance de Paquerette, et pour éviter une crise, se résigne et l'écoute.

Paquerette lui reproche amèrement de ne plus l'aimer.

Roger, irrité par ces reproches, s'anime peu à peu et devient dur.

Paquerette éclate en sanglots.

Roger prend une feuille de papier et une plume, et trace rapidement quelques lignes.

— Ce que j'avais à vous dire, — fait-il ensuite, le voici : — je ne vous aime plus. — Prenez ce papier qui vous assure trois mille livres de rente, et souvenez-vous qu'à partir de ce moment tout est fini entre nous !...

— De l'argent ! — s'écrie Paquerette en déchirant la donation, — je n'en veux pas !... et, quant à me quitter, vous n'en avez plus le droit maintenant, car je vais être mère...

— Mensonge !... — murmure avec effroi le jeune homme atterré.

— Devant Dieu, je vous jure que je dis la vérité !...

— Eh bien, cet enfant, je veillerai sur lui, mais de loin... en cachette...

— Et pourquoi vous cacher ?... cet enfant est le vôtre !...

— Paquerette, il faut que vous sachiez tout !... je vais me marier...

La jeune fille pousse un cri et tombe sans connaissance.

Roger la reçoit dans ses bras.

La porte du fond s'ouvre.

— Malheureux ! — s'écrie le vicomte de Tizy en entrant, — ces dames me suivent, — tu te perds !...

— Sauve-moi, — lui répond Roger.

Le vicomte s'empare de Paquerette évanouie, et l'emporte dans une autre pièce.

Roger court au-devant de Laure et de la comtesse de Saverny, à laquelle il offre son bras.

Ils sortent par la porte qui donne sur le perron du château.

— Il était temps ! — dit le vicomte de Tizy qui apparaît et qui les suit.

Le théâtre reste vide pendant une seconde.

Une fanfare et des cris joyeux annoncent le départ des chasseurs et des amazones.

Paquerette, pâle, les cheveux en désordre, sort de la pièce latérale où elle a été portée par M. de Tizy.

— Il se marie !... — murmure-t-elle au milieu de ses sanglots, — il se marie !... et mon enfant n'aura pas de père !... Oh ! je l'empêcherai !...

Elle fait quelques pas en chancelant, puis elle s'écrie :

— Mais que je souffre !... — quel mal étrange !... — mes entrailles se déchirent !... ma tête brûle... mon cœur s'arrête... — Je vais mourir... je vais mourir...

Elle tombe à genoux d'abord, puis, poussant un nouveau cri, plus déchirant que le premier, elle s'évanouit pour la seconde fois.

(*Le rideau baisse sur la première partie du prologue.*)

§

Au milieu de beaucoup de désordre, d'invraisemblances et de décousus, il y avait, ce vous semble, dans ces premières scènes, un mouvement assez réel et un germe d'intérêt.

Nous allons voir si la suite du drame tenait, tant bien que mal, les demi-promesses faites par cette moitié de prologue.

Notre analyse, d'ailleurs, sera plus rapide encore.

XXXI

LE DRAME (*suite*).

DEUXIÈME PARTIE DU PROLOGUE.

(La scène se passe dans un des salons du château de Saverny, le jour du mariage de Roger de Balestac et de Laure.)

Les parents et les amis des deux fiancés sont réunis dans le grand salon de Saverny.

Dans cinq minutes on va partir pour la chapelle où Roger et Laure doivent recevoir la bénédiction nuptiale.

Roger entre, et vient recevoir les félicitations que chacun lui adresse sur son bonheur.

Le tintement d'une cloche annonce que la cérémonie va bientôt commencer.

Laure et sa mère paraissent.

Roger offre son bras à sa fiancée, et, suivi de tous les invités, il se dirige avec elle vers la chapelle.

Le salon reste livré à deux domestiques qui mettent tout en ordre, et qui, en rangeant, causent.

L'un d'eux est ce valet de pied, qui, au premier tableau du prologue, est venu annoncer à Roger que mademoiselle Paquerette demandait à lui parler.

Ce valet s'occupe de la jeune paysanne.

Il rappelle les incidents singuliers survenus au château de Balestac, quinze jours auparavant, le jour de cette grande chasse à courre à laquelle mademoiselle de Saverny et sa mère assistaient.

En effet, on a trouvé Paquerette évanouie, après le départ du marquis.

Elle n'est revenue à elle-même que pour tomber dans les accès d'un délire étrange, au milieu duquel le nom de Roger revenait toujours sur ses lèvres.

Le médecin, appelé pour soigner Paquerette aussitôt qu'elle a été reportée dans sa maisonnette, a déclaré que la jeune fille était grosse, et qu'elle allait accoucher avant terme.

Cette prédiction s'est réalisée en effet.

Paquerette a mis au monde une petite fille, — il y a de cela neuf jours.

La gent en livrée est bavarde et méchante, — ce qu'elle ne sait pas elle le devine, — ce qu'elle ne devine pas elle l'invente.

Or, dans la circonstance présente, il ne fallait pas de bien grands efforts d'imagination pour se mettre au courant de tout.

Les faits parlaient pour ainsi dire d'eux-mêmes, et leur langage était transparent.

Aussi les valets ne se faisaient-ils point faute d'attribuer au marquis Roger, la paternité de l'enfant de Paquerette.

— Heureusement, — dit l'un des domestiques, en terminant la conversation qui remplit cette scène, — heureusement que Paquerette est dans son lit pour longtemps encore, et qu'elle ignore que mon jeune maître se marie, sans cela, avec le caractère que je lui connais, elle aurait très-bien pu venir faire une esclandre ici, aujourd'hui... ce qui n'eût point été agréable pour les mariés...

Le valet n'a point achevé de prononcer ces paroles, que Paquerette paraît, — livide, — se soutenant à peine, et portant son enfant dans ses bras...

Les deux domestiques, au comble de l'épouvante, cherchent à l'éloigner.

Elle résiste.

Ils la menacent d'employer la force.

— Tuez-moi, — leur répond-elle, — mais, vivante, je ne sortirai pas d'ici!... il faut que je voie Roger... il faut que j'empêche ce mariage impossible...

— Empêcher ce mariage!... Vous êtes folle, Paquerettte!...

— Et pourquoi?

— Il est trop tard

— Comment?...

— Tout est fini.

— Ce n'est pas vrai!... ce n'est pas vrai!... — crie Paquerette, en proie déjà à un commencement de délire, — je veux voir Roger... je veux le voir!... Il me dira lui-même que ce n'est pas vrai!...

La cloche de la chapelle recommence à tinter.

Ses sons religieux annoncent que la cérémonie est achevée. — Les mariés vont revenir dans le grand salon.

Paquerette ne peut y rester plus longtemps, car sa présence causerait un horrible scandale.

Les deux domestiques s'emparent de la jeune femme et veulent l'emporter, — mais elle se débat dans leurs bras en poussant des cris terribles.

Le salon se remplit de monde.

Roger entre avec Laure, devenue marquise de Balestac.

Aussitôt que Paquerette aperçoit Roger, elle s'élance vers lui, et tombant à ses pieds, elle crie d'une voix désespérée:

— N'est-ce pas que ces hommes ont menti?... — n'est-ce pas que tu n'es pas marié?... — N'est-ce pas que tu ne renies pas ton enfant.?...

Roger pâlit.

Laure s'éloigne de lui avec une sorte d'effroi.

La marquise de Saverny fond en larmes et manifeste son indignation par des exclamations entrecoupées.

Un murmure bien marqué de stupeur et d'improbation se fait entendre dans le salon.

Mais Roger, relevant la tête et promenant autour de lui un regard fier et impérieux, répond avec un calme forcé, mais terrible :

— Qu'on emmène cette femme!... Cette femme est folle, et je ne la connais pas !...

Paquerette, agenouillée jusque là, se relève et recule...

Elle pousse un cri, comme si on lui donnait un coup de couteau dans le cœur.

Son enfant s'échappe de son bras.

Elle tombe, pour ne plus se relever.

Elle est morte !...

— La malheureuse a voulu me faire bien du mal! — dit alors Roger, — mais c'était, à coup sûr, dans un accès d'incompréhensible démence!... — Elle est punie... — Je lui pardonne et je veillerai sur son enfant...

La réaction ne se fait point attendre...

Ceux qui déjà élevaient la voix contre Roger, admirent maintenant sa générosité délicate, — la comtesse de Saverny vient le complimenter. — Laure lui serre doucement la main, tandis qu'on emporte le cadavre de Paquerette.

La toile tombe, et le prologue est fini.

PREMIER ACTE.

La scène se passe à Paris, chez Madame Pitois, couturière à la mode, ayant la clientèle du quartier Bréda.

Vingt-quatre ans se sont écoulés depuis les événements qui terminent le prologue.

Plusieurs jeunes filles travaillent, réunies, dans l'atelier de couture de madame Pitois.

L'une de ces jeunes filles se nomme Suzanne.

Elle passe pour être orpheline.

Dix ans auparavant, — elle en avait alors quatorze, — elle a été amenée chez la couturière par un inconnu qui l'était allé prendre dans un petit village où elle avait vécu jusque-là, élevée dans une famille de fermiers.

Depuis lors, une somme annuelle a été payée à

madame Pitois pour l'entretien de la jeune fille, à laquelle elle s'était chargée d'apprendre un état.

Toutes ces jeunes filles sont gaies et rieuses, excepté Suzanne qu'une tristesse et qu'un profond découragement dévorent.

Toutes chantent de joyeux refrains ou se racontent la pimpante odyssée de leurs amourettes.

Suzanne, seule, reste silencieuse et morne.

C'est que la pauvre enfant est orpheline. — Elle n'a pas de famille, — personne ne l'aime.

Ses camarades d'atelier ont chacune un amoureux. — A elle, personne ne fait la cour, quoiqu'elle soit la plus jolie.

Chaque soir, après le travail, elle pleure dans sa mansarde au lieu de dormir.

Ses journées du dimanche se passent solitaires et désolées, — tandis que les jeunes filles de Paris dansent et s'amusent.

En outre, madame Pitois a pris Suzanne en grippe, — elle trouve mal tout ce qu'elle fait, — elle trouve sot tout ce qu'elle dit.

Suzanne, à force de se l'entendre répéter, a fini par se persuader à elle-même qu'elle était maladroite et bête.

Ce jour-là, les jeunes couturières s'occupent tout particulièrement d'un très-beau jeune homme, fort riche, le baron de Besnard, qui est venu deux ou trois fois à l'atelier avec une lorette à la mode, dont il est l'amant, et qui fait beaucoup travailler madame Pitois.

L'une de ces demoiselles affirme que le jeune baron l'a lorgnée avec une attention toute spéciale.

— Non! — s'écrie une autre, — c'est moi...

— Non! c'est moi!...

— C'est moi...

Grande discussion, — grande rumeur dans l'atelier.

Madame Pitois, attirée par le bruit, vient mettre le holà, et s'en prend de ce tapage à Suzanne, qui, seule, se taisait au milieu de cette confusion de cris et d'interjections.

Suzanne se résigne et ne répond pas.

Madame Pitois s'en va, et la discussion recommence.

Mais soudain le silence se rétablit comme par enchantement.

Le baron de Besnard vient d'entrer dans l'atelier.

Le but apparent de sa visite est de demander les échantillons de quelques étoffes.

Il trouve moyen de s'approcher de Suzanne.

— Mademoiselle, — lui dit-il tout bas, — il faut que je vous parle...

— A moi, monsieur ?

— A vous, et à vous seule...

— Qu'avez-vous à me dire ?...

— Vous le saurez... mais, je vous le répète, il faut que nous soyons seuls...

— Mais il s'agit donc d'un secret ?...

— D'un secret duquel dépend votre bonheur...

— Eh bien, le soir, quand ces demoiselles sont parties, il ne reste que moi à l'atelier...

— Je viendrai ce soir...

Le jeune homme prend les échantillons, salue les ouvrières et sort.

— Que te disait-il donc tout bas ? — demande une des grisettes à Suzanne.

— Il me consultait sur la garniture d'un corsage...

— Et que lui répondais-tu ?

— De s'adresser à vous, mesdemoiselles, qui avez meilleur goût que moi...

Deux ou trois scènes épisodiques se succèdent, — scènes de remplissage, — complètement inutiles, et placées là seulement pour donner à l'acte la longueur nécessaire qu'il n'aurait pas sans cela.

Les ouvrières ont dîné. — L'une d'elles, ainsi que cela se doit pratiquer dans tout drame qui se respecte, a chanté une ronde, — *la ronde des Couturières de Paris.*

On voit cela d'ici, avec le refrain obligé :

> Travailleuses gentilles,
> Mes sœurs,
> Si vos doigts sont agiles,
> Vos cœurs,
> Hélas! sont trop fragiles!...

Peu à peu les grisettes quittent l'atelier où Suzanne finit par rester seule.

XXXII

LE DRAME (*suite*).

Le cœur de Suzanne bat bien fort.

Elle sait que le baron de Besnard va venir, et elle se demande ce qu'il peut lui vouloir et quel est ce secret qu'il va lui confier.

Peut-être se doute-t-elle bien qu'il est question d'amour, mais elle ne s'arrête pas à cette pensée.

Comment serait-il possible, en effet, qu'elle eût été distinguée par un jeune homme si riche, si beau, si élégant, qui est l'amant des femmes à la mode, et pour lequel toutes ces demoiselles du magasin perdent la tête ?

Cependant Suzanne s'avoue à elle-même que M. de Besnard réalise à ses yeux ce type qu'elle retrouve dans tous les romans qu'elle lit quelquefois, le soir, dans sa mansarde ; — ce type de l'homme irrésistible et qu'on ne peut s'empêcher d'aimer.

On entend un léger bruit.

C'est le baron.

Il dit à Suzanne que, depuis le jour où il l'a vue pour la première fois, il l'aime.

Il veut l'enlever à cet obscur atelier, où elle s'étiole, fleur divine, et la porter dans cette sphère élevée où doivent s'exhaler ses parfums.

Il fait miroiter à ses yeux les prestiges de l'existence délicieuse qu'il lui propose.

Au lieu du travail incessant, l'oisiveté si douce.

Être servie au lieu de servir.

Être belle à son aise, et rehausser encore sa beauté par tous les ingénieux artifices de la coquetterie.

Porter soi-même les robes splendides, que jusque-là on faisait pour les autres.

Les bals, les spectacles, l'amour, enfin tous les plaisirs.

Suzanne est éblouie d'abord.

Elle va céder, mais une pensée la retient encore : — cette vie qu'elle mène aujourd'hui est triste, mais honorable ; — cette vie luxueuse qu'on lui offre, séduit, mais déshonore...

Le travail et la pauvreté ne valent-ils pas mieux que le vice et le plaisir qu'accompagne la honte ?

Suzanne résiste donc.

Elle ne suivra pas le baron de Besnard.

On entend la voix de madame Pitois appelant Suzanne.

Le jeune homme est obligé de quitter l'atelier, mais, avant de sortir, il dit à l'ouvrière qu'une voiture stationne à l'angle de la rue, à vingt pas de la maison, et que, dans cette voiture, il l'attendra jusqu'à minuit.

Madame Pitois entre scène. — Elle est d'une humeur exécrable, et, sous une foule de prétextes absurdes, elle accable Suzanne des reproches les plus violents et les plus immérités.

L'irritation de madame Pitois vient de ce que l'homme d'affaires qui, chaque année, verse entre ses mains, à jour fixe, la somme destinée à l'entretien de la jeune fille (somme que madame Pitois s'approprie religieusement jusqu'au dernier sou) n'a pas encore paru. — Or, le terme est passé depuis deux jours.

La résignation et le silence de Suzanne ne touchent point la mégère.

Elle reproche à Suzanne d'être à sa charge, et de lui coûter plus qu'elle ne vaut.

Suzanne, blessée au vif, relève la tête et répond que, bien loin de coûter à madame Pitois, elle lui rapporte beaucoup, par son labeur incessant et qui n'est pas rétribué.

La maîtresse couturière, exaspérée par la contradiction, s'irrite de plus en plus, et dans le paroxysme de sa colère, elle s'emporte jusqu'à frapper Suzanne.

Cette dernière n'en supportera pas davantage...

Elle s'enveloppe dans son petit châle et s'écrie :

— Vous ne me reprocherez pas plus longtemps le pain que je mange, et que je gagnais bien !... — Souvenez-vous, madame, à l'heure où vous mourrez, que sans vous j'aurais été une honnête fille !...

Elle ouvre la porte de l'atelier et sort.

Madame Pitois, stupéfaite, la suit des yeux et la voit monter dans une voiture dont un domestique en livrée lui a ouvert la portière et qui s'éloigne rapidement.

— Une de plus qui est perdue ! — murmure madame Pitois.

Elle rentre et va refermer la porte quand elle se trouve en face de l'homme d'affaires qui vient lui payer l'année échue de Suzanne.

Elle commence par prendre l'argent et en donner quittance, — puis elle raconte ce qui vient d'arriver, — en l'arrangeant, bien entendu, à sa manière.

— Cette jeune fille avait décidément de mauvais instincts, — répond l'homme d'affaires, — j'en instruirai son protecteur, qui désormais cessera de s'occuper d'elle.

— Et qui fera bien ! — ajoute madame Pitois... — Ah ! a coquine !... une fille que je regardais comme l'enfant de la maison... que je traitais comme ma propre fille !... — m'abandonner ainsi !... quelle horreur !...

§

DEUXIÈME ACTE.

(La scène se passe chez mademoiselle Mirobolante, l'une des pécheresses les plus à la mode du quartier Bréda. — Le théâtre représente un salon très-richement meublé, et somptueusement éclairé pour une fête.)

Il n'est encore arrivé qu'un très-petit nombre des invités.

Quelques jeunes gens jouent à la bouillotte ou causent entre eux.

Parmi ces derniers se trouve le jeune Arthur de Balestac, fils du marquis Roger, et qui est à Paris pour faire son droit.

Arthur, peu répandu dans la bohême galante, demande pourquoi, sur les billets d'invitation, la maîtresse de la maison a fait ajouter en très-gros caractères : — NOUS AURONS MADEMOISELLE SUZANNE.

— Comment ! — s'écrie un des jeunes gens, — tu ne connais donc pas Suzanne?

— Non, je l'avoue.

— Tu n'as jamais entendu parler d'elle?

— Jamais.

— C'est prodigieux !...

— C'est comme cela.

— Eh bien, mon cher, Suzanne est une célébrité, — une illustration, — une *étoile!*... ne l'a pas qui veut, et c'est pour cela qu'on la met sur le programme de la fête, comme on y mettrait Levassor ou les chanteurs Pyrénéens...

Puis le jeune homme raconte à Arthur qu'un an auparavant, le baron de Besnard a lancé dans les hautes régions de la galanterie une jeune femme d'une éclatante beauté et d'un esprit prodigieux, —

qui sortait on ne sait d'où, et que personne ne connaissait.

C'était Suzanne.

Mais le baron n'a pas su conserver pour lui la merveille qu'il avait créée.

Au bout d'un mois Suzanne l'a quitté pour un autre amant.

Depuis un an, elle a fondu la fortune de deux princes moldo-valaques, et d'une demi-douzaine de lords, au creuset de ses prodigalités insensées.

— Prends garde à ton cœur, Arthur, — ajoute le jeune homme en terminant son récit; prends garde à ton cœur, car voir Suzanne, c'est l'aimer, et l'insensibilité dont tu te vantes ne te sauvera pas...

Tout le reste de l'acte, sauf les modifications nécessitées par l'arrangement scénique, était exactement conforme au récit fait par Paul Lascours à Ernest, de sa présentation à Suzanne, à la soirée de Camélia.

Au moment où la toile tombait, Suzanne venait de donner rendez-vous pour le lendemain à Arthur, déjà passionnément amoureux d'elle.

ACTE TROISIÈME.

(Un boudoir chez Suzanne.)

Deux mois s'étaient écoulés depuis le bal de mademoiselle Mirobolante.

Arthur, comme de raison, est venu tous les jours chez Suzanne, et sa passion pour elle a pris des proportions prodigieuses.

Son amour grandit d'autant plus que, jusqu'à ce moment, Arthur n'a pas obtenu de la pécheresse la plus légère faveur.

Dans une scène interminable, et qui à elle seule compose tout l'acte (qu'Ernest aurait mieux fait d'appeler un *tableau*), il reproche à Suzanne son infernale coquetterie.

Elle ne l'aime pas, puisqu'elle ne veut point l'accepter pour amant et qu'elle se plaît à le voir souffrir !...

Elle aurait bien fait de refuser de le recevoir, plutôt que de l'accueillir avec une bienveillance apparente et de lui donner des espérances qui ne devaient pas se réaliser !...

Quel est donc le mobile de cette étrange conduite, et que lui a-t-il fait pour qu'elle le rende si malheureux ?...

Suzanne fond en larmes, — car la pauvre pécheresse est bien changée, et cette coquetterie que lui reproche Arthur n'existe plus chez elle.

Ce n'est plus la femme dédaigneuse et moqueuse, — c'est presque une jeune fille timide et craintive.

— Mais, enfin, — s'écrie Arthur désespéré, — pourquoi ne voulez-vous point être à moi...

— Je te résiste parce que je t'aime... — murmure Suzanne.

— Vous m'aimez ?

— Plus que ma vie... et je n'ai jamais aimé que toi !...

— Mais, alors...

— Et je veux, — poursuit la pécheresse, — je veux conserver pure et brillante cette fleur céleste née au milieu du bourbier de mon âme, — c'est un amour chaste et saint, que je ne souillerai point en devenant ta maîtresse... — Il y aura un homme, au monde, qui n'aura pas le droit de me mépriser... — et cet homme, ce sera toi... toi, que j'aime...

— Ainsi, c'est donc vrai !... tu m'aimes !... — s'écrie Arthur, éperdu.

— Si je t'aime ?... — Pour toi, je donnerais ma vie, qui t'appartient !... mon cœur, que tu as purifié !...

— Et tu ne seras jamais ma maîtresse ?...

— Jamais !...

— Eh bien ! sois ma femme...

— Ta femme !... moi ?...

— Oui, toi, Suzanne !... toi que j'aimerai toute ma vie, et qui, seule, peux me rendre heureux...

Suzanne a un éclair de joie suprême.

Mais cette joie s'éteint presque aussitôt.

— Hélas! — murmure-t-elle, — c'est impossible!...
— Impossible!... — répète Arthur...
— Oui.
— Pourquoi?
— Parce que je ne suis pas digne de toi...
— Tu en es digne, puisque je t'aime et que tu seras une honnête femme...
— Songe au passé!...
— Je n'y songerai jamais...
— Mais, le monde...
— Que m'importe le monde?... — Est-ce de lui que j'attends mon bonheur?...
— Arthur, tu regretterais un jour le sacrifice que, dans un moment de passion, tu veux me faire aujourd'hui...
— Je ne le regretterai jamais...
— Tu le crois?...
— J'en suis sûr!...
— Illusion!
— Non, — réalité.
— Arthur, c'est à deux genoux que je te remercie de ce que tu veux faire pour moi... — Je vais te prouver que je t'aime autant que tu m'aimes...
— Tu consens?...
— Non!... je refuse... — Il le faut, mon ami, c'est pour toi...

Arthur se lève, il saisit sur une des étagères du boudoir un petit poignard malais.

— Tu m'as dit, un jour, — s'écrie-t-il, — que la lame de cette arme était enduite d'un poison mortel...

— Oui, je te l'ai dit, et c'est vrai... Mais, au nom du ciel, Arthur, laisse cette arme... qu'en veux-tu faire?

— Si tu ne consens pas à devenir ma femme, — réplique le jeune homme en approchant de son front la lame empoisonnée, — aussi vrai que je t'aime, je me tue...

— Oui... oui... — balbutie Suzanne d'une voix altérée par l'épouvante, — je consens... — tout ce que tu voudras...

Et le troisième acte finit ainsi.

XXXIII

LE DRAME (*suite.*)

QUATRIÈME ACTE.

(Le théâtre représente la chambre d'Arthur dans l'hôtel garni qu'il habite. — A droite, la porte d'entrée de cette chambre. — Dans le fond, à gauche, une alcôve fermée.)

C'est le matin. — Arthur est seul.

Il a écrit à son père pour lui dire qu'il voulait épouser Suzanne, et c'est ce jour-là même que la réponse peut et doit lui parvenir.

Arthur attend l'arrivée du courrier avec impatience.

Suzanne arrive chez Arthur.

Elle aussi, est impatiente de savoir ce que contiendra la lettre attendue.

Le jeune homme ne doute point de la facilité avec laquelle le marquis accordera son consentement.

Suzanne, qui a plus d'expérience du monde et de la vie, est beaucoup moins rassurée.

Le concierge entre, apportant plusieurs lettres.

Arthur les décachète avec une vivacité fiévreuse.

Mais son espoir est déçu, il n'y a rien du marquis de Balestac.

Que signifie ce silence?

L'inquiétude de Suzanne commence à gagner Arthur.

— Tu le vois, mon ami, — lui dit la pécheresse, — voilà déjà le trouble, les soucis qui naissent en toi, à cause de moi... — Ne vaudrait-il pas mieux renoncer à un rêve insensé?...

— Ce que tu appelles un rêve, — s'écrie Arthur, — c'est le bonheur!... je n'y renoncerai jamais!

Peu à peu, dans une causerie d'amour, les deux

jeunes gens oublient leur inquiétude, — ils parlent de l'avenir et se plaisent à le représenter paré des plus riantes couleurs.

Suzanne consent à déjeuner avec Arthur, chez lui.

Arthur sonne pour donner des ordres.

Le garçon de l'hôtel qui se présente lui dit qu'un monsieur d'un certain âge et auquel il ressemble beaucoup, demande à le voir sur-le-champ, et qu'il est là, près de la porte, attendant qu'on l'introduise.

Le garçon, sachant qu'Arthur n'était pas seul, a voulu le prévenir, avant de laisser entrer ce monsieur.

— C'est mon père !... — s'écrie le jeune homme, averti par un pressentiment soudain.

— Que faire !... — murmure Suzanne, — où me cacher ?...

— Là, — répond Arthur en ouvrant une des portes de l'alcôve, qu'il referme sur la jeune femme.

— Faites entrer, — dit-il ensuite.

Arthur ne s'était pas trompé, — la personne qui se présente est bien, en effet, le marquis de Balestac.

Sa physionomie n'est point rassurante, — il est calme et grave, — hautain et sévère.

Arthur comprend qu'entre son père et lui il va y avoir une lutte.

Il essaie de la reculer d'un instant en témoignant au marquis l'étonnement et le bonheur qu'il éprouve à le voir arriver ainsi à l'improviste.

Il veut l'embrasser.

Mais M. de Balestac le repousse avec une dédaigneuse froideur, et place à l'instant l'entretien sur son véritable terrain.

Tous nos lecteurs connaissent le roman de la *Dame aux Camélias*.

La plupart ont feuilleté un autre livre, signé de nous, le *Brelan de Dames*.

Dans ces deux ouvrages se présente une situation à peu près identique.

Un père irrité veut rompre la liaison de son fils avec une pécheresse, et, à l'aide des arguments les plus forts, il flétrit les liaisons de ce genre.

Ernest, fort au courant, comme nous le savons, de toutes les productions de la littérature contemporaine, avait lu la *Dame aux Camélias* et le *Brelan de Dames*.

A son insu peut-être, il s'était laissé emporter par ses souvenirs, il avait refait, presque dans les mêmes termes, les deux scènes dont nous parlons.

Seulement, comme dans sa pièce il était question, non-seulement d'un amour, mais d'un mariage, l'indignation du marquis de Balestac était montée sur un ton plus énergique encore, et le profond mépris que lui inspirait le projet insensé et déshonorant d'Arthur, ne trouvait pas de mots assez durs pour s'exhaler.

Ajoutons que la présence de Suzanne, cachée et s'entendant ainsi fouler aux pieds par le marquis, *corsait* singulièrement la situation.

Ceci, du reste, n'était pas plus neuf que le reste.

C'était, à peu de chose près, la scène du père de Faublas avec son fils et la marquise de B...

Arthur, après s'être débattu d'abord, avec une soumission forcée, contre l'écrasante logique de M. de Balestac, se révolte à la fin et s'écrie :

— Moi aussi, mon père, j'ai une volonté ! — une volonté que rien n'ébranlera !... et vous aurez beau accabler cette femme de votre dédain, cette femme deviendra comtesse de Balestac...

— Jamais !... Je vous renierais plutôt pour mon fils !...

— Vous n'en avez pas le droit, mon père !...

— Je vous déshériterais !...

— Que m'importe ?... — Ce n'est pas une fortune que j'ambitionne... c'est Suzanne !...

— Je vous refuse mon consentement...

— J'ai vingt-cinq ans depuis deux jours, et la loi me donne les moyens de vous forcer la main !...

— Faites-le donc si vous l'osez!...

— Je le ferai demain, mon père!...

Le marquis sort, au comble de l'exaspération.

Arthur ouvre la porte de l'alcôve.

Suzanne est évanouie.

Arthur lui prodigue ses soins, et, au moment où elle revient à elle-même, il lui dit :

— Suzanne, oubliez ce que vous venez d'entendre, et portez haut la tête, car à partir de ce moment vous êtes ma femme, et je saurai faire respecter le nom que je vous donne!...

CINQUIÈME ACTE.

(Chez Suzanne, — même décoration qu'au troisième acte.)

Les sommations respectueuses ont été faites au marquis de Balestac.

Arthur attend les résultats de cet acte légal, mais toujours coupable et fatal.

Suzanne est triste. — Elle se sent en proie aux plus sinistres pressentiments.

Arthur s'efforce de la rassurer, mais il ne peut y parvenir, — ses douces paroles, ses tendres encouragements, ne produisent aucun effet sur l'âme inquiète de la jeune femme.

— Je sens, — murmure-t-elle, — je sens qu'il va

nous arriver un malheur, et tu verras que je ne me trompe pas.

En même temps, et comme un coup de foudre, retentissent ces mots, prononcés par un domestique à l'entrée du boudoir :

— M. le marquis de Balestac...

Suzanne pousse un cri et cache son visage dans ses mains.

Arthur se lève et marche droit à son père.

— Monsieur,—lui dit-il,—venez-vous donc insulter, jusque chez elle, celle qui va porter mon nom ?...

Ici notre analyse devient superflue.

La pièce, dans ses dernières scènes, suivait pas à pas le roman, dont elle était la reproduction littérale.

Arthur, pour dénouer le drame, se frappait avec le poignard malais empoisonné, et tombait mourant.

— Mon Dieu !... mon Dieu !... — s'écriait le marquis désespéré en tombant à genoux à côté du corps d'Arthur, — plus d'enfant !... je n'ai plus d'enfant !...

Le jeune homme se soulevait à demi,— prenait la main de Suzanne dans sa main défaillante, la mettait dans celle du marquis, puis, après avoir murmuré :

— Si... mon père... il vous reste... une fille... — aimez-la... pour l'amour de moi...

Il expirait.

Ainsi finissait cette pièce, œuvre informe, incohérente, incomplète, dont nos lecteurs n'ont pas manqué de relever les invraisemblances et les absurdités, et sur laquelle, cependant, Ernest fondait les plus belles espérances.

Entreprise sous l'influence de Suzanne, c'était tout bonnement, comme on le voit, une de ces innombrables réhabilitations de la courtisane, qui depuis la *Marion Delorme* de Victor Hugo, ont fourmillé au théâtre et dans les romans, jusqu'à l'heure où la réaction s'est opérée et a enfanté des œuvres telles que *les Viveurs de Paris*, *les Filles de Marbre*, *les Valets de Cœur*, etc...

Ernest, s'étant renseigné, porta sa pièce à l'un de ces pauvres diables qui gagnent péniblement de quoi manger du pain sec et boire de l'eau claire, en copiant les manuscrits destinés au théâtre.

Au bout de trois jours, il eut une copie, fort remarquable sous le rapport calligraphique, mais émaillée de fautes d'orthographe et de non-sens incroyables.

Désireux de savourer le breuvage réconfortant des éloges, Ernest mit sous son bras le rouleau de *Comment les femmes se perdent !* et s'en alla chez Suzanne.

Auprès de cet auditeur partial, le drame obtint un succès immense.

Suzanne applaudit d'un bout à l'autre, — pleura beaucoup, et ne tarit point en louanges passionnées.

Ernest était entré rue de La Bruyère, croyant avoir produit une œuvre remarquable.

Il en sortit convaincu qu'il était le père d'un chef-d'œuvre.

Restait à résoudre une question embarrassante.

Ernest se la posa en ces termes :

—Quel est le théâtre digne de jouer ma pièce ?

XXXIV

EN QUÊTE D'UN THÉATRE.

Or, choisir le théâtre auquel il donnerait son œuvre, ce n'était point pour Ernest une petite affaire.

Le jeune écrivain agita longuement et sérieusement dans son for intérieur cette question importante.

Enfin le souvenir d'un succès récent, dans un genre à peu près identique, détermina Ernest pour le théâtre du ***.

On comprendra bientôt que nous avons d'excellentes raisons pour ne point désigner l'établissement en question autrement que par trois astériques.

En conséquence, Ernest, une fois sa détermination prise, fit un rouleau de son manuscrit, et se dirigea de son pied léger vers le théâtre du ***.

De même que nous n'avons pu désigner le théâtre, par des raisons de haute convenance, — de même nous ne pouvons nommer le directeur.

Mais, afin de ne pas multiplier indéfiniment les *étoiles*, nous donnerons un pseudonyme à cet industriel.

Nous aurons soin, en outre, que ce pseudonyme soit invraisemblable et n'ait pas le moindre rapport avec le véritable nom.

Nous prendrons donc l'appellation impossible de *Melon Petit-Baudet.*

Y a-t-il quelqu'un, en ce bas monde, qui se nomme *Melon Petit-Baudet ?*

Non.

Nous voici, par conséquent, à l'abri de toute espèce de procès en police correctionnelle pour cause de diffamation.

Ernest s'engagea d'un pas assez délibéré dans l'escalier qui conduit les artistes sur le théâtre.

Il allait passer devant la loge de ce cerbère vigilant et aboyeur qu'on appelle vulgairement une portière de théâtre, quand une voix criarde sortit de cette loge et modula la phrase suivante :

— Eh! dites donc, monsieur, eh!... — où donc allez-vous comme ça ?

Ernest ôta son chapeau et salua Tysiphone.

— Je désire parler à M. Melon Petit-Baudet... — répondit-il d'un organe insinuant.

— M. le directeur n'y est pas.

— Quand y sera-t-il ?

— Je n'en sais rien.

— Vient-il le soir ?

— Quelquefois.

— Peut-on lui parler, alors ?...

— Ça dépend.

— C'est qu'il est indispensable, tout à fait indispensable que je le voie...

La portière avisa le rouleau qui se trouvait sous le bras d'Ernest.

— Est-ce que c'est des assignations ? — demanda-t-elle.

— Non, ma bonne dame, c'est un manuscrit de pièce.

— Ah! bien... bien... — dans ce cas, revenez...

— Quand ?

— Quand vous voudrez.

— Mais si, en revenant, je ne trouve pas M. Melon Petit-Baudet plus qu'aujourd'hui...

— Ah! dame, c'est votre affaire, ça; — arrangez vous... — Laissez votre manuscrit si vous voulez, d'ailleurs; on le lui remettra...

— Non !... non !... — s'écria vivement Ernest, qui, pour rien au monde, n'aurait consenti à se séparer de sa pièce et à l'abandonner dans un bouge qu'infectait l'odeur des quinquets mal éteints, combinée avec les suspects parfums d'une soupe aux choux.

— Je reviendrai, — murmura-t-il.

Et il s'éloigna.

Le lendemain, Ernest revint en effet à la même heure que la veille.

Mais, dans l'intervalle, il avait réfléchi sur l'apologue mythologique qui nous montre le monstre Cerbèrus apprivoisé par un gâteau de miel.

Bien certainement le Cerbèrus d'autrefois désigne les portières d'aujourd'hui, et l'antique gâteau de miel signifie les modernes pièces de cent sous.

Donc, en demandant, comme le jour précédent, si M. le directeur était au théâtre, Ernest mit cinq francs dans la main de la portière.

— Oui, monsieur, — répondit-elle aussitôt, — il y est, mais très-occupé...

— Avec des auteurs ?...

— Des auteurs qui n'écrivent guère que sur papier timbré,—murmura la concierge à demi-voix.

Puis elle reprit :

— Je vais toujours aller le prévenir qu'on le demande... — Voulez-vous me dire votre nom ?

Ernest lui donna sa carte.

— Ça serait-il un effet de votre complaisance de garder la loge pendant ce temps-là ?... — dit la grosse femme, — la consigne est de ne laisser monter personne...

— Soyez tranquille, — répliqua Ernest, assez peu satisfait du rôle qu'on lui faisait jouer, mais cependant n'osant refuser.

La portière monta.

Melon Petit-Baudet (duquel nous nous occuperons plus amplement tout à l'heure) était dans son cabinet, donnant quelques explications, à propos de divers papiers timbrés, à deux hommes d'affaires qui faisaient les siennes, et Dieu sait comment.

— Qu'est-ce qu'il y a donc ?... — fit-il en regardant la portière ; — ne peut-on être tranquille un instant ?...

— Monsieur, il y a en bas quelqu'un qui désire bien vous parler...

— Quelqu'un ? qui ça ?

— Un jeune homme.

— Un créancier ?

— Je ne crois pas, — il est bien mis...

— Ça ne serait pas une raison ; — ces drôles-là se mettent aussi bien que nous !...

— D'ailleurs, voilà le nom de ce jeune homme...

Le directeur prit la carte et épela :

—*Ernest Pichat de la Chevalière.* — Je ne connais pas... — Qu'est-ce qu'il veut ?

— Il a un manuscrit.

— Un manuscrit !... qu'il aille au diable !... est-ce que j'ai le temps de m'occuper de manuscrits !...

— Alors, monsieur le directeur ne recevra pas ce monsieur ?...

— Non.

La portière tourna sur ses talons.

Chemin faisant, elle réfléchit que si elle rapportait littéralement la brutale réponse de Melon Petit-Baudet, le jeune homme au manuscrit s'en irait, découragé, pour ne plus revenir, et qu'avec lui s'éclipserait tout espoir de nouvelles pièces de cent sous.

Mieux valait donc temporiser avec lui et poser des gluaux adroits, auxquels l'oiseau inexpérimenté pourrait fort bien venir se prendre deux ou trois fois encore.

— M. le directeur est bien fâché, — dit-elle à Ernest, — il est en affaires dans ce moment... — Il prie monsieur de lui écrire ces jours-ci, pour lui expliquer de quoi il s'agit, et je remettrai la lettre...

— Bien, — fit Ernest, — j'écrirai demain,

— Ah! pardieu! — pensa le jeune homme en s'éloignant, — on a bien raison de dire que les abords du théâtre ne sont pas faciles !... — Arriver jusqu'à un directeur, peste !... ce n'est point une petite affaire!...

Le soir, se promenant sur le boulevard avant son dîner, Ernest rencontra un journaliste dont il avait fait la connaissance chez Suzanne.

Ce journaliste, gros garçon de beaucoup de talent, grand poëte et critique bienveillant, aborda Ernest.

— Où allez-vous, cher ami? — lui demanda ce dernier.

— Je vais où l'on va à cinq heures et demie, — je vais dîner...

— Moi aussi. — Dînons ensemble.

— Volontiers.

— Je vous offre à la Maison-d'Or un buisson d'écrevisses, des filets de chevreuil et des perdreaux rôtis.

— J'accepte, — à la condition que, ces jours-ci, je prendrai ma revanche.

— Quand vous voudrez...

Tout en dînant, Ernest raconta au feuilletonniste ses tentatives infructueuses pour voir face à face l'auguste personne de Melon Petit-Baudet.

Le gros garçon se mit à rire.

— Ah! mon cher, que vous êtes jeune!... — s'écria-t-il; — vous userez six paires de bottines sans résultat. — Melon Petit-Baudet ne vous recevra jamais...

— Jamais?...

— Eh! non.

— Pourquoi?

— Il vous prend, à l'heure qu'il est, pour un créancier déguisé...

— Il en voit donc partout?

— Partout, et ailleurs encore, — et il a de bonnes raisons pour cela... — Mais, si vous tenez beaucoup à être admis en son auguste présence, je vous donnerai un talisman devant lequel les portes du sanctuaire s'ouvriront...

— Vous, cher ami?

— Eh! oui.

— Et, quel sera ce talisman?

— Trois ou quatre lignes de mon écriture.

— Ah! quel service vous me rendrez là?

— Je vais vous le rendre tout de suite... — Garçon, du papier, une plume, de l'encre, *enfin tout ce qu'il faut pour écrire,* ainsi que le disent invariablement messieurs les vaudevillistes, des gens de bien de l'esprit et de bien peu de style!...

Le papier fut apporté, et le feuilletonniste traça les lignes suivantes :

« Mon cher Melon,

« Recevez donc mon ami Ernest Pichat de la Chevalière, un charmant garçon et un écrivain distingué.

« Il vous porte une pièce, qui fera tout bonnement la fortune de votre théâtre, et dont je parlerai lundi prochain.

« Vous savez que je ne demande qu'à constater vos succès. — Pourquoi, diable, n'en avez-vous pas?....

« A vous. »

Puis, la signature.

— Avec ceci, vous passerez, — dit le journaliste en tendant ce billet à Ernest, qui le prit et le serra dans son portefeuille avec plus de soin et plus d'empressement que si c'eût été un coupon de rentes au porteur.

Le lendemain, il se présenta au théâtre.

— Voulez-vous remettre ceci à M. le directeur, — fit-il, en appuyant sa demande d'une nouvelle pièce de cent sous, jointe au billet du critique influent.

La portière escalada les marches de l'escalier, avec une légèreté de sylphide...

— C'est ce monsieur, monsieur... — dit-elle à Melon.

— Quel monsieur?

— Celui d'hier.

— Encore!... Ah çà! qu'est-ce qu'il veut donc, cet enragé!... — Dites à deux garçons d'accessoires de lui attacher son manuscrit au cou et de le jeter dans la Seine.

Et Melon Petit-Baudet se mit à rire.

Ce jour-là, il était en belle humeur.

— Voici un billet pour monsieur le directeur...

— Ah! quelle corvée! — s'écria Melon en décachetant le billet qu'on lui présentait.

Mais à peine l'avait-il lu que sa physionomie changea.

— Oh! — fit-il, — c'est toute autre chose!... Qu'il vienne... qu'il vienne... je l'attends!...

La portière, — fort étonnée, — courut prévenir Ernest.

XXXV

UN DIRECTEUR.

Deux minutes après, Ernest Pichat de la Chevalière, ayant, plus que jamais, sous le bras : — *Comment les femmes se perdent!* était introduit dans le cabinet directorial, où l'attendait Melon Petit-Baudet, le mieux mis des hommes d'Europe.

Quelques mots au sujet de cette personnalité originale.

Au physique, Melon Petit-Baudet ressemble d'une manière frappante, tout à la fois à Eugène Bareste et à Supersac.

A Eugène Bareste, en laid.

A Supersac, en beau.

Eugène Bareste, personne ne l'ignore, est l'ex-rédacteur en chef du journal : *La République*, une feuille née en février 1848, et qui vécut peu.

Mais son principal titre à la gloire et à la popularité est d'être l'interprète juré du grand Nostradamus, dans les petits almanachs prophétiques édités par M. Pagnerre.

Quant à Supersac...

Supersac est comme la loi, — nul n'est censé l'ignorer.

Cependant, attendu qu'il serait possible que quelques-uns de nos lecteurs ne connussent point cette figure piquante, ébauchons-en les principaux traits en une silhouette rapide.

Supersac est, sans contredit, un des hommes de lettres les plus distingués de notre époque.

Il a produit, — entre autres choses, — au théâtre des Variétés, un vaudeville : *les Métamorphoses de Jeannette*, en collaboration avec Barrière.

Il a signé, tout seul, un petit roman, intitulé : *Histoire d'un Clou*, dans le feuilleton de ce même journal : *Paris*, où vous avez lu la première série des *Valets de Cœur*.

Certes, voilà des titres !...

Mais ce n'est point, cependant, la littérature de Supersac qui le rend si remarquable, ce sont ses *mots*.

Les mots de Supersac sont devenus populaires.

Barrière et Murger venaient de faire jouer, aux Variétés, on sait avec quel succès, *la Vie de Bohême*.

Peu après, Barrière donna sa pièce avec Supersac.

— Ah ! — disait Supersac, le matin du jour de la première représentation, — ce pauvre Barrière !...

Les journaux n'ont parlé que de Murger, à propos de *la Vie de Bohême*. — J'irai voir les feuilletonnistes au sujet des *Métamorphoses de Jeannette*, — je ne veux point que pareille chose se renouvelle... — Il est bon de glorifier les hommes littéraires, mais il faut cependant laisser une petite part à leurs collaborateurs.

Supersac est atteint d'hippomanie au premier chef.

Il n'a pas de chevaux, mais ce n'est pas sa faute.

Un jour, — il était, à cette époque, secrétaire de l'administration du Théâtre-Historique, il me disait :

— J'arrive tard, — Dolon n'est pas content, mais qu'y faire?... — tous les matins je vais au Bois, — je n'aime pas laisser mon groom promener mes *purs-sang*. S'il voit quelque doc-kart ou quelque tilbury élégant, attelé d'un cheval de race, stationnant le soir devant un théâtre, il ne manque point de quitter les personnes avec lesquelles il se trouve, pour s'approcher du domestique et lui dire, assez haut pour être entendu des flâneurs, et surtout des flâneuses :

— John (ou Williams, — ou Dick,) — serrez donc un peu plus la gourmette de Black-Nick... — je crains qu'elle ne se détache...

Un soir, — il avait plu pendant une partie de la

journée, — Supersac, vêtu avec une recherche qui est dans ses habitudes, traversait sur la pointe des pieds la chaussée boueuse du boulevard Montmartre.

Sans doute il était en quête de quelque aventure, — car Supersac n'est pas moins homme à bonnes fortunes qu'homme littéraire.

Passe un cabriolet de maître, dont le cheval, maintenu par une puissante pression de mors, piaffe, pointe et se cabre à chaque pas.

Supersac est inondé d'un déluge de boue.

Furieux, il se retourne en s'écriant :

— Ah ! sacre... d...

Mais il n'acheva point.

Deux dames se croisaient avec lui.

Supersac regarde avec un sourire le cheval, auteur du désastre, et dit du ton le plus calme et le plus bienveillant :

— Eh ! mais, c'est Soliman !... belle bête !...

Mon collaborateur Eugène Grangé, rencontre un jour Supersac, non loin du théâtre de la Porte-Saint-Martin, foulant l'asphalte d'un air mélancolique.

On aurait pu dire de lui, comme des coursiers d'Hippolyte :

« Supersac, le front morne et la tête baissée,
« Semble s'abandonner à sa triste pensée...

Grangé l'aborde.

— Ah! mon ami, — lui dit Supersac, — vous voyez un homme bien à plaindre...

— Que vous arrive-t-il ?

— Le plus grand malheur du monde...

— Mais encore ?...

— Je viens de mettre un roman sur le chantier, et de commencer un drame...

— Eh bien ?...

— Eh bien, mon pauvre ami, *je crois que je n'ai plus rien dans le ventre...*

Ce dernier mot nous paraît le sublime du genre!

Tout ceci n'empêche point Supersac d'être un bon, charmant et spirituel garçon, qui ne m'en voudra pas, je l'espère, de ces innocentes plaisanteries.

Il est bon, d'ailleurs, qu'on s'occupe de nous, — fût-ce même pour s'en moquer.

Il n'y a que les gens absolument insignifiants de qui on ne parle pas.

Revenons à nos moutons, — c'est-à dire à notre directeur, Melon Petit-Baudet.

Nous venons d'expliquer à qui il ressemblait au physique.

Au moral, il offrait le fac-similé de tous les imbéciles, prétentieux, vaniteux et fats.

Chose étrange, sa nullité bien connue, — son incapacité notoire et incontestable, — ne l'empêchaient point de trouver des gens disposés à se prêter à sa fantaisie de *faire joujou* avec un théâtre, — fantaisie coûteuse, cependant, pour les actionnaires et bailleurs de fonds.

Déjà il avait eu *des malheurs*, dans une précédente direction qu'il avait quittée d'une façon désagréable.

Eh bien ! une seconde s'était rencontrée !

Hâtons-nous d'ajouter, pour expliquer ce fait invraisemblable, que Melon Petit-Baudet possédait à merveille le grand art de se servir de *l'Échelle des Femmes*...

Un titre de pièce, cependant, qui ne devait point lui rappeler de fort charmants souvenirs !

Bref, il était directeur, — nous n'avons pas besoin de nous occuper du reste.

Nous avons dit plus haut que Melon Petit-Baudet était l'homme d'Europe le mieux mis.

Nous maintenons cette assertion.

Petit-Baudet devançait toujours de six mois les modes les plus excentriques.

C'est pour lui qu'on a inventé le mot *Polka*, — appliqué à une certaine classe de gentlemen.

A certaine époque où dans l'intervalle de deux directions, il aurait volontiers soumissionné chez M. de Rothschild un emprunt d'un demi-louis, —

si M. de Rothschild avait eu l'imprudence de se mettre à découvert d'une somme aussi importante, — un tailleur du passage Vivienne lui avait offert de fort raisonnables émoluments, s'il consentait à remplacer à la devanture de sa boutique un de ces mannequins d'osier dont les hanches bien sorties et la taille cambrée font si bien valoir les charmes de la coupe audacieuse et nouvelle d'un habit ou d'un paletot.

Le pauvre Petit-Baudet était au moment d'accepter cette proposition honorable quand la seconde direction lui était échue.

Le premier acte de son administration fut de donner une entrée à vie au tailleur qui avait su apprécier la grâce sans pareille de sa tournure désinvolte.

Sur le revers gauche de l'irréprochable redingote de Melon Petit-Baudet, s'étalent une demi-douzaine de petites décorations.

D'où viennent ces ordres ?

Nous l'ignorons.

Mais, ce que nous prenons sur nous d'affirmer, c'est qu'ils appartiennent bien à Melon.

Il les a achetés.

Si, par hasard, quelque-uns provenaient de la chancellerie du fameux prince de Gonzague,—ce dut être pour le jeune directeur une bien amère déception !...

Au moment où Ernest entra dans le cabinet de Petit-Baudet, ce dernier trônait sur son divan avec une dignité des plus imposantes.

Il accueillit le futur grand homme avec un signe de tête tout napoléonien, et il lui fit signe de s'asseoir.

— Fumez-vous, monsieur ? — dit-il ensuite.

— Oui, monsieur, — répondit Ernest.

— Eh bien, prenez un cigare dans la boîte, sur mon bureau, — nous causerons ensuite.

On sait que Nestor Roqueplan, quand il était directeur des Variétés, ne manquait jamais de fumer, lorsqu'il écoutait la lecture d'un manuscrit, et que cette lecture finie, il disait souvent à l'auteur :

— Votre pièce est d'un demi-cigare, — ou d'un cigare et demi, — trop longue.

Melon Petit-Baudet avait trouvé ce mot spirituel, et il s'efforçait de ressembler à Roqueplan, — du moins quant au cigare.

Ernest s'enveloppa d'un nuage de fumée et s'assit, fort intimidé.

La présence d'un directeur lui causait une impression extraordinaire.

— Monsieur, — lui demanda Melon, — vous êtes l'ami de ***

Et il nomma le journaliste.

— Son ami intime, — répliqua Ernest, qui, ayant déjà expérimenté l'effet du talisman donné par le critique, jugea que plus sa liaison avec la célèbre plume semblerait étroite, et mieux il serait accueilli.

— C'est un charmant garçon, et qui a bien de l'esprit, — reprit le directeur, — je n'ai rien à lui refuser, — seulement je ne sais pas pourquoi il éreinte toujours les pièces que je joue... — Vous l'a-t-il dit ?

— Il m'a dit, je crois, — balbutia Ernest, — qu'il ne les trouvait pas très-bonnes...

— Allons donc !.. elles sont aussi bonnes que d'autres... — Pourquoi n'en fait-il pas, lui ?...

— Mais, il en a fait.

— Tiens, c'est vrai... je ne m'en souvenais pas...
— Il paraît que vous en avez fait une aussi, vous, monsieur...

— Enfin, nous y voilà, — pensa Ernest. Et, tout haut, il répondit :

— Oui, monsieur, — j'en ai fait une... que voici...

FIN DU PREMIER VOLUME.

TABLE

DES CHAPITRES DU PREMIER VOLUME.

PREMIÈRE PARTIE.

LA CHASSE AUX CHIMÈRES.

		Pages
Chapitre	I. — Rue de Seine. — Hôtel du Maroc	5
—	II. — Une vocation littéraire	13
—	III. — Ernest Pichat de la Chevalière	24
—	IV. — Un autre roman	32
—	V. — Un beau commencement	41
—	VI. — Les crétins des lettres	50
—	VII. — Une passion	59
—	VIII. — Suzanne !...	68
—	IX. — Une soirée rue Racine	77
—	X. — L'attente	87
—	XI. — Déception	95
—	XII. — Soirée chez Camélia	104
—	XIII. — Suzanne	111
—	XIV. — Conversation	121
—	XV. — Un après-midi	132
—	XVI. — Une soirée	140
—	XVII. — L'amour	149
—	XVIII. — Un plan de roman	158
—	XIX. — Une héroïne de roman	169
—	XX. — Florine	177
—	XXI. — Défiance	185
—	XXII. — Jules	194
—	XXIII. — Le vicomte de Médoc	203
—	XXIV. — Roderic	212

TABLE.

		Pages
Chapitre XXV.	— Le vieux soldat.................	222
— XXVI.	— Un conseil S. V. P...............	231
— XXVII.	— Le roman.......................	240
— XXVIII.	— Les suites d'une dédicace.........	248
— XXIX.	— Un galérien évadé...............	258
— XXX.	— Le drame.......................	267
— XXXI.	— Le drame (suite).................	277
— XXXII.	— Le drame (suite).................	286
— XXXIII.	— Le drame (suite).................	296
— XXXIV.	— En quête d'un théâtre............	304
— XXXV.	— Un directeur....................	314

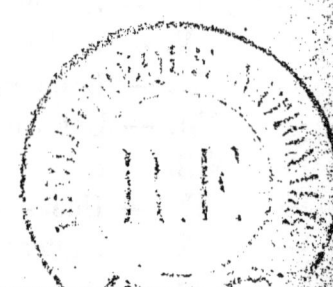

FIN DE LA TABLE DU PREMIER VOLUME.

F. Aureau. — Imprimerie de Lagny.

www.ingramcontent.com/pod-product-compliance
Lightning Source LLC
Chambersburg PA
CBHW060405170426
43199CB00013B/2013